Schwester Gisela Ibele

Der Geschmack des Himmels

SCHWESTER GISELA IBELE

Der Geschmack des Himmels

12 Schritte für ein sinnliches Leben

Mit Fotografien von
Stefan Weigand

HERDER

FREIBURG · BASEL · WIEN

Schwester Gisela

Geboren 1963, Franziskanerin von Reute. Ausbildung zur Erzieherin und Gemeindereferentin, Leiterin der »Sinn-Welt« im Jordanbad in Biberach (www.jordanbad.de). Die »Sinn-Welt Jordanbad« ist ein Erlebnisparcours für die Sinne und die Seele (www.sinn-welt.info). Die »Sinn-Welt« lädt auf 1500 Quadratmetern und an 100 Stationen zum Sehen, Hören, Riechen und Fühlen ein. Hier lässt sich etliches entdecken: einen Granitstein zum Klingen bringen, in einer Pirouette die innere Mitte spüren, in einer Camera obscura die Welt auf dem Kopf stehen sehen … die innere Balance finden.

Inhalt

Nicht das Auge sieht, sondern der Mensch;
nicht das Ohr hört, sondern die Seele.

Russisches Sprichwort

Liebe Leserin, lieber Leser!

Froh zu sein bedarf es wenig und wer froh ist, ist ein König.« Dieses kleine Lied von *Johannes Bosco* ins Leben gesetzt, klingt ganz einfach – und himmlisch! Ich stelle mir den Himmel fröhlich vor und wie sollte es auch anders sein: voller Musik und eine Gesellschaft mit gutem Geschmack!

Wie komme ich zu diesem Himmel? Meine Empfehlung: Sehen Sie Ihr Leben als einen Weg, den Sie Schritt für Schritt mit einem neugierigen Überraschungsherzen gehen. Vertrauen Sie, dass Ihr Leben ein einzigartiger Weg ist, auf dem Sie sich selber immer näher kommen können und nie alleine sind. Gehen Sie mit offenen und wachen Sinnen, und Sie werden überrascht sein, wie viel Ihr Alltag und Ihr Festtag zu bieten haben. Ein Überraschungsherz zu haben ist Übungssache. Es bedarf einer guten Portion Vertrauen, Gelassenheit und Humor. Wenn wir »ganz« in unseren Sinnen sind, dann vergessen wir Getriebensein und Langeweile. Wenn Sie diese Zeilen lesen, sind Sie ganz bei der Sache. Das ist ein großer Vorteil beim Lesen eines guten Buches. Dann hat es sich schon gelohnt, diese Seite aufzuschlagen.

1 Mit wachen Sinnen leben

Mit wachen Sinnen leben

Gewiss ist Ihnen die Erfahrung vertraut: Es gibt Tage, an denen Sie morgens aufstehen und sich einfach nicht fit fühlen. Der Schlaf hat sich wie eine Decke auf die Glieder gelegt und will nicht weichen. Die Beweglichkeit des Körpers und des Geistes scheint verloren gegangen zu sein. Wenn wir verschlafen in den Tag hineinstolpern, fehlt uns die Aufmerksamkeit und die Wachheit für uns selbst und unsere Mitmenschen. Wir fühlen einen Mangel und fragen uns, woher er wohl kommt, was uns fehlt, wie wir wacher sein können. In der bekannten Redensart »Hast du nicht alle Tassen im Schrank?« kommt diese Erfahrung negativ zum Ausdruck. Unsere Sinnesorgane sind wertvolle Instrumente, die empfangen und weitergeben können – ähnlich wie eine »Tasse«, die ja auch nur Sinn macht, wenn sie benützt und gefüllt wird.

Alle Tassen im Schrank haben ist also Voraussetzung dafür, dass der Tag gelingen kann. Alle Sinne beieinander haben ist eine Kunst, die unser Leben reicher, tiefer und lebendiger macht. Wie gelingt es mir, mit wachen Sinnen in den Tag zu gehen?

Der Künstler und Denker *Hugo Kükelhaus,* (1900–1984), rät uns: »Schwache bzw. niederschwellige Reize wirken auslösend, mäßige Reize entwickeln, starke Reize hemmen, überstarke zerstören.« Das Geheimnis einer geistigen und sinnlichen Wachheit liegt verborgen in einer leibhaftigen Lebensweise. Wir müssen zur bewussten Wahrnehmung fähig werden und in unmittelbare Berührung mit uns selbst und mit unserer Mutter Erde kommen. Hautnah die Natur erleben, ihr Geheimnis, ihren Ursprung, ihren Sinn. Die Natur ist das Kleid, in das wir Menschen hineingewebt sind, deswegen ist es so wichtig, im Einklang mit der Natur zu leben, ihr nahe zu sein und ihre Gesetzmäßigkeiten auch als die eigenen zu erkennen.

Unser Körper ist kostbar. In ihm liegt ein Teil unserer Heimat. Mit ihm können wir unserem Geist und unserer Seele eine sichtbare Form geben. Durch ihn bleiben wir mit der Erde verbunden. In ihm wird unsere Zerbrechlichkeit deutlich. Liebst du deinen Körper, deine Hände, mit jedem ihrer Finger? Was haben sie schon alles berührt, betastet, erfasst und gehalten! Wäre es nicht passend, deinen Körper zu feiern, ihn zu schmücken, ihn ganz neu zu schätzen? Er trägt dich durchs Leben.

Ulrich Schaffer

Was an einem einzelnen Organ geschieht, wirkt über das Organ in den gesamten Organismus. Es geschieht am Teil und im Ganzen. Das Ganze ist der Mensch, aber auch das Leben, das Lebensgesetz, das Geheimnis.

Sie sind eingeladen, sich auf einen sinnlichen Weg zu machen, damit ihr Leben gelingt und Freude macht!

Ich wache auf

Wenn ich morgen früh aufwache, will ich darauf achten, was sich als Erstes regt:

Ist es ein Gedanke, mit dem ich wach werde?

Ist es ein Gefühl, das mich bewegt?

Bin ich vielleicht noch mit einem Traumbild, einem Traumwort beschäftigt?

Vielleicht hat mich auch der Weckruf oder die Musik ganz plötzlich aus dem Schlaf gerissen und ich bin wie gelähmt?

Ich nehme mir vor, nicht sofort aufzustehen, sondern in meinem ersten Wachzustand bewusst wahrzunehmen, was sich in mir regt …

Ohne darüber zu urteilen, nehme ich mich wahr, noch bevor mich meine Beine tragen und ich mich dem Tag stelle.

Ich denke noch nicht darüber nach, was ich heute alles tun muss, wem ich begegnen werde, wie meine Sorgen heißen.

Ich genieße für einen Moment die Stille des neuen Tages und die Stille in meinen Sinnesorganen.

Wenn ich möchte, berühre ich mit meinen Händen meine Sinnesorgane und wecke sie auf: liebevoll, vielleicht mit einem Kreuzzeichen.

Ich spüre meine Augen, meine Nase, meinen Mund, meine Ohren, mein Herz, fühle meine Haut und ihre Beschaffenheit.

Mit einem dankbaren Gefühl stehe ich nun auf.

2 Klangvolles Leben

Hören

Klangvolles Leben

Hören

Haben Sie schon einmal zugehört, wenn eine Rosenknospe aufbricht? Das ist keineswegs ein geräuschloser Vorgang! Es klingt wie ein orgelartiges Dröhnen, eine aufbrechende Folge von gewaltigen Akkorden. Nur weil unsere Ohren sehr begrenzt Geräusche wahrnehmen können, glauben wir, in der Natur herrsche Stille. Irrtum!

Wie glücklich eine gebärende Frau, wenn sich die schmerzerfüllten Schreie während der Geburt in den Schrei ihres Neugeborenen verwandeln. Ein Klang, der nicht nur Ohr und Raum, sondern auch Herz und Welt erfüllt. Der erste Schrei des Kindes ist die Geburtsstunde des Atems, der uns tagtäglich das Leben schenkt als ständig neuer Geburtsvorgang: ein Sterben und Werden! Es ist wunderbar, dass wir Menschen Laute in uns haben, Schreie der Freude, Schreie der Befreiung, klagende und bittende Rufe. Wir drücken uns im Wort aus. Die Schöpfung drückt sich im Wort aus. Auch ein Stein hat seine Geschichte, seine Lieder, seine Klänge, seine Botschaft. Für mich ist es faszinierend, einen riesigen polierten Granitstein, der wie eine Stimmgabel eingesägt ist, mit der bloßen Hand zum Schwingen zu bringen. Es ist wie ein

Wunder: Ich berühre ihn mit der feuchten Hand, lasse mich auf den Stein ein und spüre seine Erregbarkeit, seine Frequenz, seine Stimmung. Der massive stille Stein kommt in Schwingung, und es steigt ein warmer, dunkler Klang auf, der sich zunächst langsam entwickelt, dann immer stärker wird und sich im ganzen Raum ausbreitet. Nichts kann sich diesem Klangerlebnis entziehen, alles wird durch die Schwingung erfasst und in eine Eigenschwingung versetzt. Botschaften kann man zwar mit dem Verstand überhören, aber sie wirken trotzdem. Die Wirkung ist spürbar und deutlich, selbst wenn der Klang längst verklungen, der Stein wieder in seine Stille eingetaucht, das Erlebnis vergessen: Im eigenen Körper ist die wohltuende Massage der Klangwellen noch lange zu spüren …

Die Welt der Klänge erfahren wir durch unser Ohr. Das Ohr ist ein staunenswertes Sinnesorgan, das in den Menschen hineinführt. Bereits ab dem vierten Schwangerschaftsmonat hört das Kind im Mutterleib.

Das Hörorgan verfügt bei der Geburt über seine endgültige Größe und Funktionsfähigkeit. Eine Fähigkeit, die das Neugeborene in die Lage versetzt, seine Eltern an der Stimme zu erkennen. Die Hörbereitschaft schaltet während des gesamten Lebens nicht mehr ab. Selbst im Sterbeprozess ist das Ohr das letzte Organ, welches stirbt.

Wenn wir Menschen uns zur Ruhe legen und schlafen, gönnen wir unserem Leib eine wichtige lebensnotwendige Ruhe, in der unser Körper entgiften, unsere Seele die vielen Eindrücke und Bilder des Lebens verarbeiten kann und die Zellen sich regenerieren können. Einzig das Ohr bleibt in Hörbereitschaft. Es stellt sich auch nachts zur Verfügung und bildet eine wunderbare Brücke von der Außen- zur Innenwelt. Wir sind also von Anfang an und bis zum Ende unseres Lebens dem Wesen nach Hörende. Hören meint nicht nur, die Klangwellen aufnehmen, ins Gehirn weiterleiten und entschlüsseln, sondern auch Unterschiede hören, Harmonie und Disharmonie erkennen, Stimmungen wahrnehmen, das Wesen erahnen. Eine Leistung also, die weit über das augenblickliche Hören hinausgeht.

Ein funktionierendes Gehör ist die wichtigste Voraussetzung dafür, selbst sprechen zu lernen. Sprache ist unser bedeutsamstes Kommunikationsmittel. Damit die Stimmbänder in Schwingung geraten, muss ich in Kontakt mit mir selbst sein, hier geschieht Bewegung, Veränderung, Formung. Damit sich Klang entfalten kann, braucht es Wille, Kraft, Berührung und Zeit. Hören und Sprechen ist deshalb ein schöpferischer Vorgang, eine kreative Kraft, die nicht spurlos verklingt, sondern Spuren hinterlässt.

In der Schöpfung ist verdichteter Klang, Bewegung und Veränderung, Harmonie und Botschaft zu entdecken. Es sind nicht nur die Dinge, die klingen, sondern auch ihre Zuordnungen. Davon ist jedenfalls der inzwischen verstorbene Musik-Kenner *Joachim Ernst Berendt* überzeugt. Er hat über dieses Thema wissenschaftlich geforscht. »Das Ziel der Welt ist Harmonie, jede Disharmonie strebt nach Auflösung.« Bei der Entstehung unseres Sonnensystems habe sich aus einer Disharmonie im Lauf von vielen Millionen von Jahren eine Harmonie der Planetenbahnen entwickelt. Klänge und ihre Bewegung sind wie ein Herzschlag unsere Welt, auch meiner eigenen Welt.

Sprache und Klang sind in ihrem Wesen Beziehung. Entweder sie stiften oder zerstören Beziehung. Nur wenn ich mit mir selbst in Beziehung lebe, findet auch mein Wort und mein Schweigen einen Weg zu meinen Mitmenschen, kann ich mein Wesen mitteilen und mich selbst offenbaren. Hören und Sprechen sind deshalb ein intimes und emotionales Ereignis.

Das Hörvermögen kann, wie auch alle anderen Sinnesorgane, trainiert und geschult werden. Wenn ich als Hörender leben will, dann muss ich zunächst in mich selbst hineinhören. Wer bin ich? Wie kann sich mein Wesen offenbaren? Wir Menschen sind, so erzählt es die biblische Schöpfungsgeschichte, selbst Klangkörper. Ein In-

strument, in dem sich Gott mitteilt und sich zu Wort meldet. Welches Wort hat Gott in mich hineingesprochen? Sensibel sein für eigene Stimmung und für die Fähigkeit, als Person zu mir selbst zu stehen. Das Wort »Person« (vom lateinischen *per-sonare,* »durch-tönen«) bedeutet nichts anderes als transparent zu sein für den Klang, für das Durchklingende. Um im Einklang mit mir selbst zu sein, um mit Harmonie und Wohlklang in Bewegung zu bleiben, brauche ich aufmerksame Ohren. Der bekannte deutsche Theologe *Karl Rahner* (1904–1984) hat von einem »Passwort« gesprochen, das Gott in jeden Menschen hineinspricht. Mit diesem Wort erkenne ich mich selbst, gehöre ich mir selbst. Mir selbst zu gehören geht über die Bande der natürlichen Abstammung hinaus. Wir sind nicht nur Kinder unserer Eltern, sondern entstammen einem Urgrund, der über den Klang der Eltern hinausweist. Die Bibel spricht davon, dass wir Menschen nicht nur Hörende sind, sondern auch zu Gott gehören, seinem Wesen ähnlich sind und deshalb auch Horchende sein sollen. Wer hören kann, weiß sich gerufen und beheimatet. Hören ist also auch immer mit der Erfahrung von Heimat, Familie, Geborgenheit verbunden.

Hören und gehören, horchen und gehorchen sind einander zugeordnet. Faszinierend für mich, dass anatomisch betrachtet, unser Herzmuskel Ausstülpungen an den Vorhöfen besitzt, die »Herzohren«, deren Sinn noch nicht umfassend geklärt werden konnte.

Eine Lebensweisheit verbirgt sich in der Vermutung, dass wir Menschen besser mit dem Herzen als mit den Ohren hören können. Gehen wir also davon aus, dass wir nicht nur zwei, sondern sozusagen drei Ohren besitzen. Übrigens: Im Begriff »Akkord« steckt das Wort »Cor«, und das bedeutet: Herz. Nicht nur die Ohren hören, sondern der ganze Mensch.

Symbol des Ohres ist die Muschel, die ihrerseits das weibliche Geschlechtsorgan symbolisiert – weiblich, empfangend, helfend, intuitiv und spirituell, ins Innere dringend, das Ganze als Eines wahrnehmend. Das Leben wird »wahr«-genommen. Das Ohr misst auch – und tut dies genauer und sorgfältiger als Auge und Tastsinn – wie naturwissenschaftlich nachgewiesen wurde.

Jede Kreatur spricht in die Welt hinein mit ihrem je eigenen Wesen. Unsere Welt ist nicht sprachlos und auch nicht stumm, sondern reich an Klängen, Melodien und Botschaften. Wenn ich mich dem Wesen eines Steines, einer Blume oder der Sterne nähere, kann ich gleichzeitig darin Gott begegnen und seine Sprache hören. Deswegen ist es ein kostbarer Weg, differenziert wahrzunehmen und auch das hören zu können, was verborgen im Wesen der Dinge schlummert. Auf die leisen Töne kommt es an, auf die Botschaft zwischen den Zeilen, auf die Wahrheit im Wort. Je wacher die Ohren, desto lebendiger und wahrer die Beziehungen, die Gefühle und der Geist.

Ich höre auf den Klang

Ich höre heute bewusst auf das Einzelne und seinen Zusammenklang.

In mir steckt ein Sinn für Schönheit, mit dem ich ein gutes Gespür für Symmetrie habe. Symmetrie ist die spiegelbildliche Entgegensetzung des Gleichen. Alles, was sich in der Symmetrie spiegelt, empfinden wir als harmonisch und schön.

Aus einem einzigen Ton kann durch Spiegelung und durch Teilung eine Oktav, eine Quint, eine Quart oder eine Terz entstehen. Ein Klangkörper kommt zum Schwingen und erhebt sich wie ein bunter Schmetterling.

Wenn eine Musiksaite geteilt wird, bezieht sich jede Hälfte auf ihre Mitte und ertönt als Oktave zum Ton der ganzen Saite. Diese Zuordnung zur ganzen Saite vollzieht sich in jeder beliebigen Kürzung der Saite.

Kein Ton klingt alleine für sich, sondern immer im Zusammenklang mit anderen, den Obertönen. Der Moll-Akkord ist die spiegelhafte Entgegenstellung des Dur-Akkords.

In der Natur der Töne lässt sich eine Logik entdecken, die sich spiegelbildlich entwickelt und immer harmonisch zueinander findet.

Wenn wir Menschen selbst Klangkörper sind, dann gelten die Gesetze für die Musik auch für unser Leben und unser Lebensgefühl. Wir brauchen spiegelbildliche Erfahrung und den Zusammenklang unserer Erfahrungen zu einem Ganzen.

Ich höre heute bewusst auf das Hintergründige. Nicht nur: Was wird gesprochen? – sondern: Wie wird gesprochen? Welche Botschaft steckt zwischen den Zeilen?

Harmonie bedeutet nicht Zwang. Also keine Angst vor den Ungereimtheiten und Unvollkommenheiten in meinem Leben!

Habe ich den Mut, Unvollendetes loszulassen und es Gott zu überlassen, im Vertrauen darauf, dass er mit meinem Notenmaterial etwas Schönes komponieren wird?

3
Von der Leichtigkeit des Lebens
Gleichgewichtssinn

Von der Leichtigkeit des Lebens

Gleichgewichtssinn

Es gibt Tage, an denen es mir schwerfällt, ausgeglichen zu sein. Ein krummes Wort, vielleicht aber auch eine missglückte Begegnung, und der Tag ist gelaufen. Im Sprichwort kommt diese menschliche Erfahrung zu Wort: »Jemand hat sich zu weit aus dem Fenster gelehnt« – oder »Jemand fällt aus dem Rahmen«.

Als Kind bin ich sehr gerne Stelzen gelaufen. An diese Erfahrung denke ich heute noch häufig zurück. Mit den Stelzen ist es mir gelungen, über mich selbst hinauszuwachsen, die Welt von oben anzuschauen und einfach mal groß zu sein. Wer kennt diese Sehnsucht nicht? Wir alle wollen in den Himmel wachsen, am besten heute, nicht erst morgen oder im Tod.

Unsere Gesellschaft ist eine Burn-Out-Gesellschaft geworden. Es scheint, dass wir in unserer Grundhaltung das Gleichgewicht, die Balance verloren haben. Im Blick auf diese traurige Realität ist es allen bewusst, wie wichtig die Ausbildung des Gleichgewichtsorganes ist, und es ist naheliegend, die Parallelen zwischen innerem und äußerem Gleichgewicht zu sehen.

Das äußere Gleichgewicht ist in unseren Ohren zu suchen. Mit ihnen hören wir nicht nur, sie helfen uns auch, das Gleichgewicht zu halten. Nicht zuletzt deshalb sind Ohrenschmerzen häufig mit Schwindelgefühlen verbunden. Zum Ohr gehören das äußere, das mittlere und das innere Ohr.

Das Gleichgewichtsorgan wird auch als Labyrinth bezeichnet, weil es aus drei bogenförmigen Gängen besteht, die in drei Richtungen des Raumes (Höhe, Tiefe, Breite) zeigen. Wie alle Wahrnehmungsorgane entwickelt sich das Gleichgewichtsorgan, indem es benutzt wird. Ein gut funktionierendes Gleichgewichtsorgan ist die Voraussetzung, um sich im Raum zu orientieren. Der Mensch kann genau abschätzen, wo er sich im Raum befindet, wenn er sich mit einer gewissen Geschwindigkeit in eine bestimmte Richtung des Raumes bewegt.

Schaukeln regt die Entwicklung des Gleichgewichtsorganes an. Es stillt auch das Grundbedürfnis nach Leichtigkeit, das wir Menschen bereits im Mutterschoß erfahren durften. Durch das Gehen der Mutter wird der Embryo ständig sanft geschaukelt. Im Mutterschoß herrscht nahezu Schwerelosigkeit, ein Gefühl des Getragenseins, der Leichtigkeit und Geborgenheit. Eine Mutter wird deswegen ihr Kind immer wieder in Händen halten, tragen und schaukeln.

Das innere Gleichgewicht korrespondiert mit dem äußeren. Es ist spannend und reizvoll, nicht nur das stabile, sondern vor allem das labile Gleichgewicht zu entdecken. In Teambildungs-Seminaren oder im Fußballstadion bei einer unvergesslichen »Welle« wird erfahrbar, dass Gleichgewicht mehr ist als die Tatsache, auf dem Boden stehen zu können. Wird der Gleichgewichtssinn gefördert, entsteht eine Sicherheit sich selbst und der Umwelt gegenüber. Solange diese Sicherheit noch nicht erworben ist oder wenn sie im Alter oder durch eine Krankheit verlorengeht, kommt es zu Ängstlichkeit. Die Hauptkraft, auf die dieser Sinn reagiert, ist die Erdanziehung. Wir richten unseren Körper gegen die Schwerkraft auf, überwinden dabei einen Widerstand und erleben das Gleichgewicht als ein Sich-Ausrichten in Bezug auf die Erde. Indem wir uns dieser Schwerkraft entgegen ausrichten, erzeugen wir als polare Entsprechung zur Schwere die körperliche Leichtigkeit, ein Spiel von Leichte und Schwere, von Aufrichten und Fallen.

Mit unserem Gleichgewichtssinn nehmen wir Polaritäten wahr: oben und unten, vorne und hinten, links und rechts. So bewegen wir uns dreidimensional. Wenn wir unseren Körper betrachten, entdecken wir viele Entsprechungen von oben und unten, von rechts und links. Wir entdecken aber auch das Ungleichgewicht, die asymmetrische Anlage, Dinge, die wir immer wieder neu ins Gleichgewicht bringen müssen. Die Unterschiedlichkeit der Beinlängen führt zum Beispiel dazu, dass sich ein

Fußgänger ohne Orientierung in der Wüste im Kreis bewegen würde. Unsere Nieren sind exzentrisch gelagert, unsere Gesichtshälften nicht symmetrisch, wir kennen die Links- und Rechtshändigkeit und lieben unsere »starke« Seite, die wir besser beherrschen als die andere.

Wir brauchen die Herausforderung unseres Gleichgewichtssinnes und finden es belebend, wenn wir schräge Ebenen besteigen oder ziehende Wolken am Himmel bewundern. Betrachten wir unsere Anatomie: Das Becken ist das Fundament des Körpers, die Mitte des Menschen; dort befinden sich die stärksten Muskeln. Die Schale des Beckens und das Gewölbe des Schädels entsprechen einander im Unten und Oben, ebenso die Form des Embryos im Uterus und im Ohr, die Form des sitzenden Menschen und sein Fuß, die Windungen im Gehirn und im Darm – beide haben einiges zu verdauen! –, der Kehlkopf mit Stimmbändern und die weiblichen Genitale, die Erdachse und die Achse unseres Herzens mit identischer Neigung (21,5 °), die Dynamik der Wirbelsäule, die sich in den Reflexzonen der Fußsohle wiederfindet.

Unser Körper ist ein Geheimnis, das sich offenbart und uns ermutigt, uns in einem größeren Ganzen aufgehoben zu wissen. Unser Körper ist mehr als nur die Summe aller Organe und ihrer Leistungen. Im Spiel zwischen Oben und Unten, zwischen Leichtkraft und Schwerkraft spüren wir die Ergänzung und damit die Einheit und mit ihr den gleichen Ursprung, die Wurzel unseres Daseins.

Ich pflanze Leichtigkeit in die Erde

Ich nehme eine bequeme Sitzhaltung ein und schließe die Augen. Ich spüre eine Zeit lang, in welcher Verfassung ich in diesem Augenblick bin, spüre meinen Körper, meine Atmung, meine Schmerzen, meine Verspannungen, meine Engstellen im Hals, in der Taille, im Becken. Ich stelle mir das Gewicht meines Körpers vor. Angefangen mit einer einzigen Zelle ist mein Organismus Vielfalt geworden, Fülle, Einzigartigkeit, Vielgliedrigkeit.

Ich spüre auch meine Gefühle. Unterschiedliche Gefühle leben in mir; vielleicht spüre ich eines vorrangig, deutlich, sprechend.

Meine Gedanken lasse ich fließen, als wären sie meine Gäste: willkommen heißend, aber nicht beherrschend, verweilend, aber nicht verwurzelt, befreundet, aber nicht mächtig.

Ich öffne meine Hände und lege sie als Schale auf meine Oberschenkel. In Gedanken stelle ich mir vor, dass ich einen Stein in Händen halte. Ich spüre ihn: sein Gewicht, seine Farbe, seine Form, seine Härte. Vielleicht ist er verletzt, kantig, rissig, gebrochen? Oder aber rund und glatt, vom Wasser und von der Zeit geschliffen und geformt? Ich stelle mir vor, wie erdverbunden mein Stein ist: in Treue sich der Schwerkraft überlassend, der Erde nahe, mit den Naturgewalten immer in Berührung. Ich lasse den Stein zu mir sprechen: was er alles kann, wie er entstand, wie viele Jahre er schon existiert, seine Herkunft, seine Geschichte, seine Botschaft. Ich nehme die Stille des Steines in mir auf: Die Sprache des Schweigens ist sein Geheimnis.

Ich sitze fest, wie ein Stein, der Erde treu, mir selber treu. Meine Geschichte sind die Wurzeln, die mich mit der Erde verbinden. Je älter ich werde, desto mehr zeigen sich auch Risse, Verletzungen, Verspannungen und Grenzen. Das nährt meine Sehnsucht und macht mich einzigartig. Ich bin mir aber auch meiner Fähigkeit bewusst, mich den Bewegungen und Prozessen des Lebens überlassen zu können.

Ich sitze fest wie ein Stein, der Erde treu. Dieses feste Sitzen ist Voraussetzung für die Leichtigkeit, die mein Leben beflügelt. Das was für unten gilt, gilt auch für oben. In dem Maße, wie ich mich nach unten verwurzelt weiß, kann ich mich nach oben ausstrecken und abheben. Ich bin nicht nur, wenn ich Last spüre, sondern auch, indem ich das Leben von der leichten Seite her nehme, ohne leichtsinnig zu sein.

Ich spüre meine Mitte. Meine Mitte ist der Ort, an dem die Schwerkraft, aber auch die Leichtkraft gehalten ist. Beide Kräfte tragen mich, wenn sie aus der Mitte kommen.

Vielleicht habe ich den Mut und gehe mal wieder schaukeln – wie ein Kind: auf einem Kinderspielplatz, in der Hängematte oder im Schaukelstuhl. Ich lasse meinen Körper, meine Gedanken, meine Seele baumeln.

Die wirkliche Freude des Lebens kommt durch die Fähigkeit, etwas oder sogar sich selbst loslassen zu können. Das ist der Preis für Reife und Weisheit. Loslassen geht aber nur, wenn ich mich gehalten weiß. Dieses Wissen geschieht nicht mit unserem Verstand, sondern muss eine Glaubenseinsicht sein – durch die täglichen Erfahrungen des Lebens, dass vieles anders läuft als geplant, gedacht und gewollt. In dem Maße, als ich mich dem Geschehen des Alltags öffnen kann, ist es mir auch möglich, an einem größeren Leben teilzuhaben. Das gibt Kraft, Weitsicht und vor allem Gelassenheit. Vertrauen ist der erste Schritt zu meiner Mitte, die mich hält und durch die ich mich fallen lassen kann – hinein in die große Wirklichkeit Gottes.

4
Licht und Schatten
Sehen

Licht und Schatten

Sehen

Meine erste Vorstellung von Gott führte mich in den Nachthimmel. Mit staunenden Augen und offenen Ohren, als würden auch die Ohren sehen, habe ich Gott im Weltall gesucht – und gefunden. Ich hatte als Kind Sommersprossen im Gesicht, und ich stellte mir vor, dass mich Gott mit einem sommersprossenübersäten Gesicht anlächelte. Die vielen funkelnden Punkte am Nachthimmel ließen mich ahnen, wie groß doch das Gesicht Gottes sei und dass es eigentlich immer da ist: leuchtend, mir ähnlich – wenigstens was die Sommersprossen betrifft.

Unsere Augen öffnen Welten, nicht nur oberflächlich, sondern tiefgründig. Wer vermag, mit Fantasie und dem Blick der Liebe zu schauen, der kann immer wieder Neues entdecken.

Der Blick unserer Augen offenbart uns etwas von der »Seele« des Menschen, den wir anschauen, von der »beseelten« Natur. Binnen weniger Sekunden entscheiden wir über Liebe, Zuneigung, Bedeutung. 70 Prozent der Informationen, die die Umwelt uns Menschen liefert, nehmen wir mit den Augen auf.

Die Lichtstrahlen, die auf die Netzhaut treffen, werden in Nervenimpulse umgewandelt. Dieser hoch komplexe Vorgang wird von speziellen Sehfarbstoffen geregelt, die sich in Photorezeptoren befinden. Die Netzhaut eines menschlichen Auges besitzt etwa 130 Millionen dieser Rezeptoren. Mit den einen, den »Zapfen« mischen wir alle Farben unserer Welt, die anderen, die »Stäbchen« werden in der Dunkelheit aktiv und sind auf Schwarz-Weiß-Kontraste beschränkt.

Auf der Netzhaut des Auges erscheint das Bild der Außenwelt auf dem Kopf stehend wie bei einer Lochbildkamera. Im Gehirn wird dieses Bild wieder korrigiert. Im ersten halben Jahr unseres Lebens lernen wir aufgrund unserer Erfahrung die Welt so zu sehen, wie wir sie erleben, und nicht, wie unser Auge sie sieht. Aus diesem Grunde ist Sehen einem ständigen Änderungsprozess unterworfen. Daraus erschließt sich die Wichtigkeit des Lernens durch Erfahrung und die Subjektivität unserer Wahrnehmung. Das, was wir sehen, ist immer unsere persönliche Sicht-Weise, die veränderbar ist und nicht den Anspruch erheben kann, mit der Wirklichkeit einfach identisch zu sein. Vorsicht also, wenn wir nur glauben wollten, was wir gerade »sehen« können.

Sehen ist eine schöpferische Kraft. Sehen heißt: Gleiches von Gleichem unterscheiden. Diese Unterscheidung kann geübt werden. So wird klar, dass es kein Ding zweimal gibt, sofern es Leben hat. Nehmen Sie sich einen Baum vor und versuchen Sie, zwei gleiche Blätter daran zu entdecken. Dabei werden Sie erfahren, dass Ihnen die am meisten ähnlichen bei genauem Hinsehen als die einander am meisten fremden vorkommen. Gleichheiten betrachtend zu unterschieden ist für das Auge eine Arbeit, in der es sich erholt, eine Anstrengung, in der es sich kräftigt.

Wir können unsere Augen aber auch erschöpfen. Fixieren Sie mit den Augen einen Farbpunkt für längere Zeit und schauen Sie dann auf eine weiße Fläche. Sie werden sich wundern, die Komplementärfarbe wird sichtbar, eine optische Täuschung, ein Farbenspiel, ein Erschöpfungszustand, den unser Gehirn auf wunderbare Weise auflöst.

Es ist tatsächlich so, dass unsere Augen festhalten können, dass sie sich aber gerade darin erschöpfen. Betrachten Sie den nächtlichen Himmel und fixieren Sie einen Stern, ganz schnell verschwindet er in ihrem Blick. Schauen Sie den Stern »abschweifend« an (Hugo Kükelhaus), das heißt, nehmen Sie die Wirklichkeit mit Ihren Augen im Vorübergang in den Blick, so können Sie den Stern in seiner Klarheit und Leuchtkraft erkennen. Unsere Augen sind so geschaffen, dass wir mit ihnen am besten »gehend« und »suchend« sehen, nicht fixierend und festhaltend.

Wir leben in einer Welt, in der alles so voll gestellt ist, so greifbar und scheinbar plausibel. Wo die Natur dem Menschen entgegensteht, scheint jeder Widerstand gebrochen und alle Grenzen niedergerissen. Findet unser Auge in dieser Welt noch Lücken und leere Stellen, damit es dort etwas suchen kann? In einer voll gestellten Welt bringen wir uns um den Seh-Vorgang. Wir bringen uns aber auch um den Vollzug der eigenen Lebensprozesse. Sobald wir unsere Vorstellungen und unsere Gewohnheiten, eben unser Leben festhalten, zerrinnt es unter unseren Händen und wir fragen uns, warum wir so viel Kraft auf dem Weg verlieren.

In der Bibel wird »Sehen« immer wieder gleichgesetzt mit dem Sich-Öffnen für die Wahrheit und das Reich Gottes. Das Auge will suchend sehen, will sehen, was nicht feststellbar ist. Wenn das Auge nicht mehr »erntet«, das heißt, tiefer und mehr sieht, als sichtbar ist, dann verliert es seine »Seele« und die Kunst des Staunens.

Hugo Kükelhaus verwendet für diesen Vorgang den Begriff »Abreifung« und findet dafür in der Natur ein wunderschönes Vorbild: Wenn der Apfel reif ist, fällt er vom Ast. Damit verliert der Baum nicht seine Bestimmung, sondern lässt zu, was geschieht: nämlich, dass im Loslassen der Frucht der Same für die Weitergabe des Lebens freigegeben wird.

Ich übe, loszulassen

Ich nehme mit meiner Hand Sand auf und spüre ihn. Je geöffneter meine Hand ist, desto mehr Sand kann ich fassen. Behutsam und aufmerksam schließe ich meine Hand und nehme wahr, wie sich der Sand bewegt, durch meine Finger gleitet, rieselt, verloren geht.

Ich nehme mir Zeit, um über mein eigenes Leben nachzudenken. Immer wieder gab es Momente, in denen ich eine Enttäuschung erfahren habe: Wünsche und Hoffnungen, die zerbrochen sind, Träume, die nicht in Erfüllung gegangen sind.

Ganz gewiss entdecke ich in dieser Zerbrechlichkeit das Wunder, dass ich gerade im Loslassen meiner Wünsche und Träume unvermittelt beschenkt wurde. Vielleicht auf eine andere Weise, als ich es mir ausgedacht hatte, vielleicht sogar auf eine großartigere Weise!

Das Leben erblüht im Loslassen. Beschenkt werden kann ich erst, wenn meine Hände und mein Herz leer sind. Das setzt zunächst eine Erfahrung des Verlustes oder der Minderung voraus. Wenn die Hände leer sind, hört das Rechnen auf. Erst dann kann Neues entstehen, eine schöpferische und lebendige Erfahrung stellt sich ein.

Die Bibel erzählt von dieser Lebensweisheit in einem Gleichnis:

Am dritten Tag fand in Kana in Galiläa eine Hochzeit statt und die Mutter Jesu war dabei. Auch Jesus und seine Jünger waren zur Hochzeit eingeladen. Als der Wein ausging, sagte die Mutter Jesu zu ihm: Sie haben keinen Wein mehr. Jesus erwiderte ihr: Was willst du von mir, Frau? Meine Stunde ist noch nicht gekommen. Da sagte seine Mutter zu den Dienern: Was er euch sagt, das tut! Es standen dort sechs steinerne Wasserkrüge für die bei den Juden übliche Reinigung; sie fassten je zwei bis drei Metreten. Jesus sagt zu ihnen: Füllt die Krüge mit Wasser! Und sie füllten sie bis zum Rand. Er sagte zu ihnen: Schöpft jetzt und bringt es dem Tafelmeister. Sie brachten es ihm. Als aber der Tafelmeister von dem zu Wein gewordenen Wasser gekostet hatte, ohne von seiner Herkunft zu wissen – die Diener aber, die das Wasser geschöpft hatten, wussten es –, rief der Tafelmeister den Bräutigam herbei und sagte zu ihm: Jedermann setzt zuerst den guten Wein vor, und wenn sie trunken sind, den geringeren. Du hast den guten Wein bis jetzt zurückgehalten. Damit begann Jesus seine Zeichen in Kana in Galiläa und offenbarte seine Herrlichkeit und seine Jünger glaubten an ihn.

Johannes 2,1–11

Die Diener wissen um die Herkunft des neuen Weines, sie sind schöpfende Menschen: Loslassen, nicht erzwingen! Glauben, nicht berechnen! Über sich selbst hinauswachsen, nicht in die leeren Krüge starren und den Mangel als Verlust empfinden: Dann geschieht Neues, Überraschendes, Verwandlung, Freude! Menschen, die schöpferisch leben, finden bei aller Kritik immer auch einen Grund zur Dankbarkeit, bleiben nicht an der Oberfläche und wagen den Blick in die Tiefe der Krüge, der Menschen, des eigenen Herzens, der Realität.

Ich sehe Spannung und Einheit

Ich schaue auf das Leben in seiner Vielgestaltigkeit. Zum Beispiel bilden Schmetterlinge oder Falter mit mehr als 180 000 beschriebenen Arten in 127 Familien und 46 Überfamilien die an Arten zweitreichste Insekten-Ordnung nach den Käfern. Jährlich werden etwa 700 Arten neu entdeckt.

Ich schaue auf das Leben mit all seinen Gegensätzen. Das Licht scheint den Schatten als Gegenspieler zu haben. Wo Licht ist, ist auch Schatten. Das gilt aber auch umgekehrt: Dort, wo sich Schatten auftun, kann ich auf eine Lichtquelle schließen.

Die Schöpfung vollzieht sich in der Gestaltung von Gegensätzen und Spannungseinheiten. So beschreibt *Johann Wolfgang von Goethe* in seiner Farbenlehre, dass Farben entstehen, indem Licht in unterschiedliche Wellen aufgebrochen wird. Jede Farbe erscheint als »Engel des Lichtes«, indem es eine Eigenschaft des Lichtes erzählt und auf das Urlicht verweist. Diese Trennung vollzieht sich prozessartig.

Die biblische Schöpfungsgeschichte erzählt von einer ewigen Trennungs- und Einigungsgeschichte als der Grundlage des Lebens. »Da sprach Gott: Es werde Licht! Und es wurde Licht. Gott sah, dass das Licht gut war und Gott schied zwischen dem Licht und der Finsternis« (Genesis 1,3–4). Dieses Geschehen ist voller Dynamik und durchzieht alle Räume: das All, den Menschen, die Natur, das kleinste Atom. Dieses Lebensgesetz ermutigt, angstfrei zu leben, Spannungen und Gegensätze auszuhalten und darin sogar die Voraussetzung für Vielfalt, Leben und Einheit zu sehen.

Auch meine Augen wollen »gegensätzlich«, in Spannungseinheiten, wahrnehmen. Das zeigt sich zum Beispiel im Phänomen des »umkehrenden Sehens«, wenn unser Auge Hohles erhaben und Erhabenes hohl erscheinen lässt. Betrachte ich eine drehende Scheibe, auf der unterbrochene Spirallinien von einem Punkt ausgehen, der nicht in der Mitte der Scheibe ruht, dann wölbt sich für meine Augen die drehende Scheibe sowohl nach außen, so dass ich einen Kegel sehe, als auch nach innen, so dass ich einen Trichter erkennen kann. Dabei verändert sich der Gegenstand selbst ja keineswegs. Umkehrend sehen, »invertieren« heißt diese Fähigkeit, mit der mein Auge Hohles erhaben und Erhabenes hohl sehen kann.

Erhaben und hohl sind Beispiele für eine Spannungseinheit, auf die mich mein Auge verweist. Das Wort »Berg« bedeutet eine Bodenerhebung, aber es beinhaltet auch das Hohle, das im Begriff »bergen« Ausdruck gewinnt. Im Hohlen bin ich geborgen. Im Hohlen befindlich, äußert sich mein Bedürfnis, die Wände der Höhle zu sprengen, die Enge zu überwinden. Das Hohle kann schützend und es kann Gefängnis sein. Das Erhabene, das Dichte, der Berg, steht mir als Macht gegenüber, das in mich selbst eindringen möchte, so als wenn ich ein Hohles wäre.

Viele Einsiedler in der Kirchengeschichte haben um dieses Geheimnis gewusst, sich in Höhlen zurückgezogen und die Offenbarung Gottes als machtvoll und stark, Grenzen sprengend erlebt.

In den Märchen sind die Berge hohl; sie sind geheime Schatzkammern, durch deren Macht die ganze dichte Welt verändert werden kann.

Mit meinen Augen bin ich eingeladen, die Spannungseinheit des Lebens zu »bezeugen«, versöhnlich zu sehen und in den gegensätzlichen Polen den »ganz Anderen« zu erkennen.

5

Leben als Begegnung

Fühlen und Tasten

Leben als Begegnung

Fühlen und Tasten

Hugo *Kükelhaus* sagte einmal: Es ist wie mit dem Küssen – man muss es tun. Viel Vergnügen also – beim Tun! Vor dem zweiten Schritt kommt der erste! Also beginne ich mit der Kraft der Liebe. Man kann sie nicht kaufen, man kann sie nicht machen, man kann sie nicht halten, aber man kann sie fühlen!

Ich streue Samenkörner der Liebe in meine Augen, und ich sehe alles in einem neuen Licht. Ich lege Liebe in mein Lächeln, und mein Gesicht wird zu einem Spiegel der erbarmenden und liebenden Nähe Gottes. Ich lege Liebe in meine Hand, und alles, was ich berühre, wird zu einem liebenden DU. Fordert man einen Menschen auf, seine Sinne zu benennen, wird der Tastsinn in der Regel als Letzter benannt. Dabei ist der Tastsinn das größte Organ überhaupt. Erwachsene tragen etwa drei Kilogramm Haut mit sich herum, für mich ein deutliches Signal, dass das Fühlen, Tasten und Begreifen wichtiger sind, als wir denken. Körperkontakt ist bereits für ein Neugeborenes von entscheidender Bedeutung. Auch für Erwachsene ist er lebensnotwendig, denn indem wir mit unserer Haut

Grenzen fühlen und wahrnehmen, können wir uns selbst spüren und die Welt begreifen.

Für *Maria Montessori* ist der Tastsinn Voraussetzung für das Begreifen der Welt.

Wir Menschen haben ein motorisches Gedächtnis, das alles Ergriffene, Betastete und Gefühlte unwiderruflich speichert. Auch nach Jahrzehnten bleibt der erste Kuss unvergesslich! Ohne unser »Fingerspitzengefühl«, ohne den Austausch von Zärtlichkeiten, ohne den Handschlag und das Unterscheiden von Kälte, Wärme, Schmerz und Liebe wäre unser Leben sinn-arm, ja sinn-los.

Die Sprache macht es deutlich: »Ich fühle mich wohl in meiner Haut« (oder auch nicht!) – »am liebsten möchte ich aus meiner Haut fahren«. Wie auch immer, keiner kann aus seiner Haut heraus. Warum sollten wir auch?

Über die Haut meiner Fußsohlen gerate ich ständig mit der Erde in Berührung. Mit beiden Beinen fest auf dem Boden stehen, Boden unter den Füßen haben, geerdet, standfest, bodenständig sein, Bodenhaftung haben, einen klaren Standpunkt einnehmen. Der Mensch braucht unter sich den Boden. Allerdings haben wir die Erde und uns selbst so verändert, dass wir sicherheitshalber den unmittelbaren Kontakt mit ihr nur selten suchen. Wir schieben Schuhe dazwischen. Dabei wissen wir genau, dass – trotz Schuhen – nicht alles glatt geht.

Im Spüren der Erde unter mir fühle ich das Getragensein von der »Mutter Erde«. Egal, in welcher Haut wir stecken, sie ist Sinnesorgan für Fühlen, Tasten, Empfinden. Nicht nur eine körperliche Grenze vom ICH zum DU, sondern eine Tür, die sich sowohl nach innen als auch nach außen öffnen kann. Die Berührung mit Freunden kann mir unter die Haut gehen. Die Haut hilft mir zu spüren, was gut ist, was wahr ist, was rechter Weg ist. Hände und Füße besitzen ein hohes Unterscheidungsvermögen, obwohl wir sie im Alltag so gut wie gar nicht mehr für diese Aufgabe in Anspruch nehmen. Zu den Eigenschaften, die ertastbar sind, gehören geometrische Formen, Maße und Proportionen, Oberflächenbeschaffenheit (wie Rauheit und Glätte) und Temperatur. Die Wahrnehmung von Kälte und Wärme erfolgt sehr subjektiv, wir empfinden Metallgegenstände kälter als Holz, trotz gleicher Temperatur. Und ob ein Gegenstand hart oder weich ist, kann ich allein durch Berührung nicht erkennen, sondern erst, wenn ich Druck auf ihn ausübe (Kraftsinn).

Die Hautoberfläche hat eine große Zahl von sensorischen Wahrnehmungsrezeptoren, die Empfänger von verschiedenen Reizen sind. Die meisten Tastkörperchen befinden sich an Handtellern und Fußsohlen. Der Tastsinn, der »Ursprung aller Empfindungen«, entwickelt sich vor allen anderen Sinnessystemen. Wenn der Embryo gerade acht Wochen alt ist, löst bereits ein leises Berührtwerden im Mutterschoß eine Reaktion aus. Der Tastsinn wird daher »Mutter der Sinne« genannt.

Die Sprache des Tastsinns wurde als die früheste aller Sprachen bezeichnet. Unser Gehirn erkennt sofort, wie stark eine Berührung und ihre emotionale Bedeutung für uns ist. Der Tastsinn ist am feinfühligsten, wenn das Sehen ausgeschaltet wird. Kinder schließen deswegen oft von sich aus die Augen, wenn sie gestreichelt werden, oder Liebende die Augen, wenn sie einander küssen; sie können die Berührung besser genießen, weil sie sich ganz darauf konzentrieren können.

Mit dem Tastsinn erlebte Unterschiede, zum Beispiel das Fühlen von Oberflächen mit der Hand oder dem Fuß, bleiben meist zuverlässiger in Erinnerung als die vom Auge allein wahrgenommenen. Nicht nur Kinder lernen ihre Welt begreifen, indem sie nach den Dingen greifen, tasten, sie befühlen und berühren. Auch die Welt wird sprachlich begriffen, indem wir mit der Wirklichkeit in Berührung kommen und uns einen Eindruck verschaffen, den wir in der Sprache zum Ausdruck bringen.

Ich berühre die Erde

Ich setze mich entspannt und bequem hin und stelle die Füße fest auf den Boden. Ich schließe die Augen und konzentriere mich auf meine Füße. Ich spüre mich hin zu meinen Zehen, bewege sie ein wenig und fühle die Begrenzung der Füße durch die Schuhe.

Ich stelle mir vor, ich gehe von meinem Platz aus Richtung Tür, durch den Flur aus dem Haus. Zuerst gehe ich über einen Feldweg, spüre die Unebenheiten des Weges, die Steine, den Staub. Dann gehe ich über eine Wiese. Während ich gehe, spüre ich, wie der Boden unter meinen Füßen nachgibt. Er ist weich, das Gras taufrisch. Ich rieche den Boden, verlangsame meinen Schritt und bleibe stehen. Die Sonne scheint mir warm ins Gesicht, ein leichter Windzug streift angenehm an meinen Haaren vorbei, ich genieße den blauen Himmel über mir und das Alleinsein. Mit jedem Atemzug atme ich die Kraft dieses Ortes ein.

In meiner Vorstellungskraft spüre ich mich in meine Füße hinein und spreche mit ihnen. Ich sage ihnen Dank für die Freiheit, die sie mir schenken. Sie tragen mich dorthin, wohin ich will. Ich frage sie, was ihnen gut tut und wie ich ihnen meine Aufmerksamkeit schenken kann.

Vielleicht ist es eine Fußmassage, ein Körperöl, ein Fußbad?

Wenn es die Umstände zulassen, besuche ich einen Barfuß-Park. Barfuß gehen macht Spaß, und es ist tatsächlich gesund, auf verschiedenen Materialien einherzuschreiten. Nicht umsonst gibt es die Fußreflexzonen-Massage, welche ganz gezielt an Stellen am Fuß arbeitet, die mit Organen des Körpers korrespondieren. Die Bodenmaterialien wirken als milde Reiztherapie. Pfarrer *Sebastian Kneipp* hatte im 19. Jahrhundert schon zum Tau-Treten aufgefordert. Wenn auch anfangs das eine piekst, das andere einem komisch unbekannt vorkommt, so wird man doch bald die belebende Wirkung nicht nur am Fuß, sondern durch den ganzen Körper strömen fühlen. Eine Kräftigung des Bewegungsapparats, eine Stärkung der Abwehrkräfte und eine allgemeine Stimmungsaufhellung gehören zu den Folgen von Barfuß-Gehen.

6
Duftende Glücksmomente
Riechen

Duftende Glücksmomente

Riechen

Von meiner Mutter habe ich gelernt, aus jungen Blättern der Brennnessel Gemüse zu kochen. Früher war die Vorstellung, Unkraut zu essen, eher unangenehm und peinlich. Heute genieße ich diese Köstlichkeit auf dem Mittagstisch. Brennnessel bringt im Frühjahr Körper und Geist in Schwung, reinigt das Blut und regt den Stoffwechsel an. Auch als Tee ist das Kraut aller Ehre wert. Ihren typischen und aufdringlichen Duft verbreitet es, sobald es mit dem Lebenselixier Wasser in Berührung kommt. Das gesunde Wildgemüse ist des Lobes wert, auch dann noch, wenn es beim Pflücken heftig brennt.

Sein Vorteil: Es wächst besonders gern in der Nähe der Menschen, in Zier- oder Gemüsegärten, auf der penibel sterilen grünen Wiese und überall dort, wo wir das Kraut am liebsten verwünschen würden.

Duft- und Kräutergärten sind beliebt geworden und laden zur Erholung und zur Therapie ein. Auch außerhalb des kirchlichen Raumes gibt es Orte, an denen Düfte zum Fest werden. Ein klassischer Kräutergarten, wie ihn die klösterlichen Traditionen schon seit Langem pflegen, ist kreuzförmig angelegt.

In rechteckigen Anlagen wird die naturgesetzliche Ordnung sicht- und spürbar gemacht. Das Rechteck entspricht der Schöpfungszahl vier und symbolisiert die vier Himmelsrichtungen, die vier Elemente und damit vier elementare Verhaltensweisen des Menschen:

— Osten – Feuer: Selbstbehauptung, Dynamik, Aggression, nach außen gerichtet. Duft: Rosmarin.
— Süden – Luft: Geistige Beweglichkeit, Aufnahme von Wissen, Bewusstsein, Helligkeit. Duft: Bergamotte.
— Westen – Wasser: Gefühl, annehmen und loslassen können, Liebe. Duft: Geranium.
— Norden – Erde: Was uns trägt und stützt, aber auch hemmen und belasten kann, die Verwirklichung. Duft: Patschuli.

Unter den Düften entspricht *Rosmarin* dem *Feuer.* Es stärkt die Ich-Kräfte und den Willen, verbessert die Durchblutung, stärkt den Kreislauf und aktiviert den ganzen Körper.

Feuer beinhaltet eine ausstrahlende Kraft, einen enthusiastischen Aufschwung, der durch seine Ausstrahlung Farbe in die Welt bringt. Feuer steht für Verwandlung und bezeichnet einen Zustand. Man spricht vom »Feuer der Erkenntnis«, von »Erleuchtung«. Mose erkennt Gott im »brennenden Dornbusch«, und die Jünger Jesu erfahren Pfingsten, die »Feuerzungen« als Geist Gottes.

Bergamotte, eine Zitrusfrucht, belebt, hellt innerlich auf, hilft bei Ängsten und Depressionen. Sie ist der *Luft* zugeordnet. Alle Zitrusfrüchte erinnern an den Sommer, die Freude und das Licht. Das Element Luft ist die Beweglichkeit des Geistes, die mit jedem Atemzug in uns einzieht und uns wieder entlässt. Luft verbindet uns alle. Sie versinnbildlicht die Distanz zur harten Realität.

Geranium gehört zum Westen. Geranien sind mit rund 380 bis 430 Arten die artenreichste Gattung der Storchenschnabelgewächse. Sie werden seit dem 16. Jahrhundert kultiviert und entsprechen dem seelischen Element *Wasser.* »Dass unser Körper ein gebildeter Fluss ist, ist wohl nicht zu bezweifeln« (Novalis, Fragmente). Das Wasser ist das wesentlichste Element allen Lebendigen, es hält sich von einer Eigenform zurück. *Franziskus von Assisi* spricht von der Demut des Wassers und von seiner Transparenz für das Leben. Alles Lebende ist aus dem Wasser geboren, der gesamte Stoffwechsel ist ohne Wasser undenkbar. Pfarrer *Sebastian Kneipp* hat Menschen mit seinen Wasserkuren geheilt, und in der spirituellen Welt ist Wasser Symbol für Tod und Leben.

Patschuli, ein Lippenblütler mit 40 bis 90 verschiedenen Arten, verströmt den stärksten Geruch im Pflanzenreich und gehört zum Element *Erde.* Die Lippenblütler tragen die vitalen Erdkräfte in sich und laden unsere Energiezentren auf. Der Schöpfungsbericht erzählt von der Erschaffung des Menschen aus Erde, sie ist die Basis, auf der wir ruhen und stehen, gehen und leben. Wir haben zu ihr ein handgreifliches Verhältnis, sie erzieht zu Realitätsbewusstsein. »Materie« kommt vom lateinischen Wort *mater* für »Mutter«. Mutter Erde schenkt uns Sicherheit, Verbundenheit, Beharrlichkeit, sie ernährt und baut auf.

Geruch und Geschmack sind chemische Sinne, das heißt, es braucht bestimmter chemischer Stoffe, um die entsprechenden Rezeptoren zu erregen. 30 Millionen Riechzellen konzentrieren sich in der Nasenhöhle. Sie nehmen eine Fläche von rund fünf Quadratzentimetern ein. Der Mensch kann 10 000 Gerüche unterscheiden und übertrifft damit sogar den besten Spürhund. Anders als beim Geschmack ist es beim Geruch bislang nicht gelungen, die vielen Gerüche, die der Mensch zu differenzieren vermag, auf einige wenige Grundempfindungen zu reduzieren.

Wir riechen mit der Nase, die verschiedene Funktionen zu erfüllen hat. Sie reinigt, entkeimt und befeuchtet die Atemluft und erwärmt sie durch die warmen Nasenwände. Glücklicherweise geht die Liebe nicht nur durch den Magen, sondern auch durch die Nase. Das köstlichste

Essen schmeckt fade, wenn man einen Schnupfen hat. Der Geruchssinn ist höchst empfindlich, empfindlicher noch als der Geschmackssinn, und sein Einfluss auf unser Gefühlsleben ist immens. Das zeigen auch die zahlreichen Nervenverbindungen zwischen dem Geruchs- und den Gefühlszentren im Gehirn. Wir Menschen spüren (unbewusst) die großartige Bedeutung des Duftsinnes für unser Wohlempfinden zum Beispiel in der Aromatherapie oder bei Aromamassagen.

Die Geruchsnerven führen den Reiz ohne Umwege direkt ins »limbische System«, jene stammesgeschichtlich alte Region im Gehirn, die Triebe und Gefühle steuert und Erinnerungen verwaltet. Deshalb haben Geruchserfahrungen eine erstaunliche Langzeitwirkung. Sie verbinden sich mit Erlebnissen, die nach Jahren sofort wieder gegenwärtig werden, wenn ein ganz bestimmter Geruch wahrgenommen wird. Das Riechhirn hat sich genetisch zuerst gebildet, deshalb geht das Denken aus dem Riechsinn hervor. In dem Sprichwort »Einen guten Riecher haben« kommt diese Erfahrung zum Ausdruck. Denken ist zutiefst mit einer freien Nase und einem guten Klima verbunden. Düfte sind wie Brücken ins Bewusstsein. In der Hospizarbeit bei Schwerstkranken oder Sprachgeschädigten bildet der Duft eine lebendige Brücke der Kommunikation.

In Frankreich konnten Wissenschaftler durch Studien belegen, dass Schüler in Räumen mit einem ihnen vertrauten Geruch auf Lerninhalte schneller zugreifen konnten, wenn sie ihren Stoff in Verbindung mit einem Duft gelernt hatten.

Wenn Sie also wichtige Stationen Ihres Lebens oder Ihren Urlaub in Erinnerung halten wollen, so nützen Sie Ihr motorisches Gedächtnis, Ihren Riechsinn! Konditionieren Sie, was Ihnen wichtig und kostbar ist.

Wir nehmen bewusst vergleichsweise wenig Düfte wahr, unbewusst dagegen sehr viel mehr. Wir werden umgeben von vielerlei Düften, denen wir uns nicht entziehen können und deren Wirkung unsere Emotionen beeinflussen, ob wir wollen oder nicht.

Mit Düften regeln wir auch unser soziales Empfinden: Nähe und Distanz, Sympathie und Antipathie. Wir finden einen Menschen »dufte« oder wünschen ihm: »verdufte!« In der Tierwelt ist die enge Verbindung zwischen Nase und Lust immer schon bekannt gewesen. Jeder neue Partner wird erst mal »beschnüffelt«. Auf Menschen übertragen zeigt sich das darin, dass wir manchmal jemanden »nicht riechen können«. So wie ein Mensch »riecht«, erzeugt er entweder Sympathie oder Ablehnung. Daher wollen wir durch Duftstoffe unsere Attraktivität steigern und setzen Parfums geplant ein, um von anderen Menschen positiv wahrgenommen zu werden. Was aber als angenehm oder unangenehm empfunden wird, kann sehr verschieden sein.

Wenn ein Mensch oder eine Situation jemandem »stinkt«, bewegt er sich durchaus auch in geistlicher Tradition. Wie »Pech und Schwefel« stinkt das Teuflische – vor Gott aber ist »Wohlgeruch«. In vielen Kirchen wird das leere Grab der Gottesmutter Maria mit Rosen dargestellt. Nach ihrer leiblichen Aufnahme in den Himmel bleibt ein Rosenduft zurück als Liebeszeichen. Rosenduft ist auch bei *Klara von Assisi* ein sinnliches Zeichen der göttlichen Liebe. Sie fordert ihre Schwestern auf, ein Leben der Heiligkeit zu führen und Wohlgeruch zu verströmen.

Riechen lässt ein Geheimnis erahnen, das Geheimnis des Göttlichen, das Geheimnis der Verwandlung. Die Liturgie greift diese Dimension auf, wenn etwa Blüten verstreut oder Weihrauchkörner entzündet werden. Geschichtlich wird die Weihrauchpflanze als bedeutende Duft- und Heilpflanze schon dreitausend Jahre vor Christus erwähnt. Zu dieser Zeit gab es bereits feste Handelswege, die das kostbare Harz des Weihrauchbaums aus Somalia, Äthiopien, Indien und den Ländern am Roten Meer nach Ägypten und Mesopotamien brachten.

Die Ägypter nutzten Weihrauch für den guten Geruch der Luft, für Salben und zur Wundbehandlung. Griechisch-römische Ärzte setzten Weihrauch zur Wundreinigung, gegen Krankheiten der Atemwege und bei Verdauungsproblemen ein. Im Altertum waren Medizin und Religion eng verbunden. Spuren davon sind noch heute in der Sprache zu finden, im Zusammenhang von »Heil« und »Heilung«: Wenn etwas heilt, dann ist es heilig.

Im Alten Testament wird vom Räucherwerk als Opfergabe berichtet. Nachdem Mose die Juden aus ägyptischer Gefangenschaft geführt hatte, forderte Gott ihn auf, einen Räucheraltar aufzustellen und heiliges Salböl zu mischen. Öl und Räucherwerk waren ausschließlich für heilige Zwecke bestimmt. Im Neuen Testament bringen die Heiligen Drei Könige zur Geburt Christi neben Gold auch die ebenso wertvollen Gaben des Weihrauchs und der Heilpflanze Myrrhe. Weihrauch diente bei Großveranstaltungen (beispielsweise bei Pilgergruppen) auch der Reinigung und der Desinfektion. Heute wird in der katholischen Liturgie bei besonderen Feiern Weihrauch symbolisch zur Verehrung Gottes verwendet.

Ich gönne mir eine Rose

Ich gönne mir heute eine Rose. Entweder kaufe ich mir eine – einfach so, weil der heutige Tag meines Lebens des Feierns würdig ist! – oder aber ich möchte vielleicht ganz mutig sein und einen lieben Menschen bitten, mir eine Rose zu schenken!

Die nächsten zehn Minuten mache ich mir zum Geschenk und betrachte das Wunderwerk der Rose in meiner Hand. Ich achte darauf, dass ich entspannt sitze, mich nicht ablenken lasse von störenden Geräuschen, Gerüchen, Aufgaben. Für einen kurzen Moment schließe ich meine Augen und betaste die Rose vorsichtig mit meinen Händen, meinen Fingern, meinem Fingerspitzengefühl. Ich spüre die Zerbrechlichkeit des Lebens. Kann ich mir ein inneres Bild meiner Rose machen? Ich frage mich: Woher kommt sie? In welchem Land, an welchem Ort wuchs sie der Sonne entgegen? Wie viel Liter Wasser hat sie in sich verwandelt, wie viel Sauerstoff über die grünen Blätter der Erde geschenkt? So wie ich jetzt die Rose vorsichtig streichle, hat sie zuvor Mutter Erde mit dem Wind zärtlich berührt …

Bevor ich die Blüte entdecke, verweile ich beim Stängel. Die Dornen sind fest und sinnvoll. Kann ich ihren Sinn erahnen? Was Tieren und auch Menschen Schmerz berei-

tet, dient der Rose zum Schutz … Die Aufrichtigkeit des Stängels fasziniert mich. Goethe beschreibt das Wachsen der Pflanzen als Bild für unser eigenes Menschsein. Die Rose weitet sich im Blatt, zieht sich im Stängel zusammen und bringt in der Blüte die Frucht hervor. Er erkennt in der Blüte die Vereinigung von Horizontal und Vertikal, der beiden Polaritäten des Lebens.

Ich stelle mir vor, dass die Rose atmet. In jedem Atemzug weitet sie sich in das Blattwerk hinein, und beim Ausatmen zieht sie sich im Stängel zusammen, um der Blüte und der Frucht Platz zu machen. Die Frucht ist verborgen und von einer stabilen Mitte gehalten. Die Mitte ist das Zentrum, auf das hin die Blüte geordnet ist und die Fruchtbarkeit erwächst.

Ich stelle mir vor, dass auch ich eine Rose bin. Eine Rose im Garten der Schöpfung. Eine Rose im Garten meiner Freunde, meiner Familie. Ich kann mich weiten – mit meinen Armen, mit der Beweglichkeit meines Geistes, mit der Hinwendung zum Mitmenschen. Ich kann mich strecken, indem ich mich auf meine Mitte konzentriere und mir vorstelle, dass ich über mich selbst hinauswachse in mein Geheimnis hinein: die Blüte, die Frucht.

Ich rieche an der Blüte und genieße den Duft. Der Duft hellt mich auf und schenkt mir Ruhe.

Mit dem Duft kann ich eine unmittelbare Verbindung von der Außenwelt zu meiner Innenwelt herstellen. Diese

Unmittelbarkeit ist nur dem Duftsinn eigen. In dieser Unmittelbarkeit werde ich eins mit dem Duft. Ich atme Liebe!

7

Auf den Geschmack gekommen

Schmecken

Auf den Geschmack gekommen

Schmecken

In unserer Kultur ist es unanständig, die Zunge zu zeigen. Kinder machen mitunter ein Spiel daraus. Sie betrachten ungeniert ihre Zunge am Spiegel und erkunden, wer die längste, die beweglichste Zunge hat. Mit dem Erwachsenwerden bekommt unsere Zunge ihren Platz im Mundraum zugewiesen. Dort darf sie nur nach draußen, wenn es der Arzt will oder wenn wir im Dunkeln munkeln. Die Werbung hat sich diesem geschmackvollen Sinnesorgan schon immer angenommen. Sie weiß um ihre anregende Wirkung hinsichtlich des Konsums und der sexuellen Kraft des Menschen. Essen, Lust und Sexualität werden oft zeitgleich wahrgenommen.

Essen hat aber auch noch andere Wirkung. Ich kenne das Gefühl, bei einer sympathischen Gesprächsrunde einen guten Geschmack auf der Zunge zu spüren. Ich weiß aber auch um die vergebliche Mühe, einen Mitmenschen anzunehmen, dessen Geruch und Geschmack ich nicht leiden kann.

Nicht nur die Geschmäcker sind verschieden, auch wir Menschen sind verschieden.

Kenne ich überhaupt meinen eigenen Geschmack? Kann ich mir eine eigene Meinung bilden? Auf den eigenen Geschmack kommen braucht Erfahrung und die Fähigkeit, genießen und differenzieren zu können. Das kann man zum Glück lernen.

Wohlgerüche und gutes Essen schätzt der Mensch von jeher. Das bewusste Kosten kommt nur zustande, wenn die Flüssigkeit oder die Speise mit allen Zonen der Zunge in Berührung kommt: süß an der Zungenspitze, sauer an der Zungenseite, salzig am Zungenrand, bitter im hinteren Teil der Zunge. Das erfordert Zeit.

Unser Geschmacks-Sinn wird besonders befriedigt durch die Vereinigung von Gegensätzen. »Süß-sauer« ist beispielsweise eine eigene Geschmacksrichtung der chinesischen Küche.

Das lateinische Wort *sapere* heißt zunächst »schmecken« und dann »verstehen, kennen, wissen«.

Im Geschmack erkennen wir den Charakter einer Speise, nehmen wahr, ob das Geschmeckte echt oder unecht ist, verdorben oder wohlbekömmlich.

Wenn ein Kleinkind seine Welt kennenlernt, geschieht dies zunächst über den Geschmackssinn. Erkenntnis vollzieht sich auch im Gaumen, mit der Mundschleimhaut, mit der Vereinigung, dem Einssein mit dem, was mich

satt macht. Das ist nicht nur die Brust der Mutter, sondern eben alles, was zwischen die Finger kommt. Ohne Berührung mit der Mundschleimhaut vollzieht sich die Erkenntnis der Dinge nur unvollkommen.

Die Bibel ermutigt zu einem ganzheitlichen Leben: »Geh deinen Weg vor mir und sei ganz« (Genesis 17,1). Das ist Aufforderung, ganz Mensch zu sein im Hier und Jetzt, gegenwärtig mit Fleisch und Blut, mit Leib, Seele und Geist. Das Essen ist die gelebte Lust des Daseins im Miteinander und Füreinander – ganz auf der Spur Jesu: »Das ist mein Leib für euch und für alle.«

Leben heißt Verschwendung auf andere hin. Im Christentum ist der Körper zentral, schöpferische Anteilnahme und Anteilgabe. Wunderbar ist es, einen Körper zu haben und Körper zu sein, einen Leib zu haben und leibhaftig zu sein, in Beziehungen zu leben und Beziehung zu sein, in ihnen zu existieren und für andere lebensstiftend zu sein. Wer in seinem Leib zu Hause ist, sorgt liebevoll für ihn und spürt, was er braucht und nicht braucht. Wenn wir uns leibhaftig annehmen können, macht das Essen Lust und Freude. Vielleicht erkennen wir auch ihre spirituelle Kraft. Schmecken schenkt eine Ahnung vom Paradies, in dem es köstliche Früchte in Hülle und Fülle gibt, ohne Mangel und ohne Langeweile. Der Paradiesgarten ist das Bild für den Ort der Gemeinschaft der Menschen untereinander und der Gemeinschaft mit Gott. Im Teilen schmeckt das Essen erst recht und entfaltet das Geheimnis der Menschwerdung. Wer kennt sie nicht, die Sehnsucht nach dem Paradies und den Wunsch, es hier auf Erden schon zu erfahren? Geben wir der Sehnsucht bei jeder Mahlzeit Raum!

Jedes Essen wird zur Einübung des göttlichen Ja zur Erde, zum Leib, zu Leidenschaft, zu Schönheit, wenn es die Bezogenheit auf den Schöpfer besitzt und sich ihm verdankt weiß.

Gottes Schöpfung ist es ja, die es zu bewahren, zu feiern und auch zu genießen gilt. Das christliche Tischgebet hat seine Wurzeln im Judentum: »Und du sollst essen und satt werden und segnen den Ewigen, deinen Gott, für das gute Land, das er dir gegeben hat« (Deuteronomium 8,10). Dank und Segen gehören zusammen. Der Lobpreis Gottes segnet zugleich die Speisen. »Alles, was Gott geschaffen hat, ist gut und nichts ist verwerflich, wenn es mit Danksagung empfangen wird; es wird ja geheiligt durch Gottes Wort und Gebet« (1 Timotheus 4,4–5).

Die Tatsache, dass wir der Nahrung bedürfen und nie ein für alle Mal satt sind, ist ein Zeichen, dass wir Geschöpfe sind und eine Hinwendung zum Schöpfer brauchen. Jede gesegnete Mahlzeit ist daher auch Gottesdienst, ein Lobpreis auf Gott, den Geber aller Gaben, ein spiritueller Vollzug, denn ich verleibe mir ein, was außerhalb von mir ist, und mache mir die Gabe Gottes zu eigen. Essen ist Voraussetzung dafür, dass mein Körper, aber auch mein Geist und meine Seele Nahrung haben.

Ich nähre Leib und Seele

Heute stelle ich um: von Fast-Food auf Slow-Food! Ich bin hungrig, durstig und bedürftig, und das ist kein Mangel, sondern Geschenk!

Ich esse nicht alleine, sondern in Gemeinschaft. Den Esstisch erfahre ich als Ort, an dem ich gute Gespräche führen kann und in der Begegnung mit Menschen satt werde. Am Tisch teile ich Brot und Leben, Freude und Sorge, Hoffnung und Angst. Ich spüre, dass ein gutes Gespräch einen guten Geschmack hinterlässt.

Meine vorbereitete Mahlzeit feiere ich und achte auf ein passendes Umfeld: Tischdekoration, Kleidung, Zeit, Musik. Das gemeinsame Mahl beginne ich mit einem Segensgebet, zum Beispiel: »Gepriesen bist du, Gott, Schöpfer der Welt, für Speise und Trank, durch sie gewährst du uns Leben und Freude. Segne sie und unsere Tischgemeinschaft und schenke uns in den Gaben deine Nähe. Amen.«

Ich bin neugierig auf das, was ich esse. Ich öffne meine Sinne: Ich rieche, ich fühle mit dem Gaumen und der Zunge und entdecke mit jedem Bissen den Geschmack des Lebens. Ich stille meinen Durst und mit ihm den Durst nach Leben.

Ich erfahre die »Fülle des Lebens«, indem ich den ständigen Austausch suche und wach halte: Ich bin, was ich

esse, ich esse, was ich bin! Die intensivste Berührung ist das Essen und Trinken. Darin erfahre ich die Auflösung der Grenze zwischen Außen und Innen, zwischen Himmel und Erde, zwischen Gemeinschaft und individueller Persönlichkeit, zwischen Verstandes- und Sinneswelt, zwischen Schöpfer und Geschöpf.

Ich esse ein Stück Brot, und mit dem Brot nehme ich nicht nur Kalorien und Nährwerte auf. Ich genieße mit jedem Bissen die Arbeit der Menschen, die Kraft der Sonne, das Glück einer guten Ernte, die Energie des Feuers, das mir das köstliche Brot gebacken hat. Wenn ich Brot sehe, sehe ich tiefer. Wenn ich Brot esse, wird nicht nur mein Leib satt, sondern auch mein Geist. Guten Appetit!

VII
VIII
IX
X
XI
XII
RASCH · EILT · DIE · ZEIT

8
Sinnbewegt – bewegte Sinne

Sinnbewegt – bewegte Sinne

An der Außenfassade der Kathedrale von Chartres steht majestätisch auf halber Höhe ein Engel mit der Sonnenuhr. In sich versunken und mit einem ruhigen Lächeln im Gesicht, aufrecht und in tiefem inneren Gleichgewicht, empfängt er die Besucher. Es ist, als würde er mir sagen: Du Mensch mit deinen Gedanken, Sorgen, mit deiner kurzen Lebenszeit – lass dich von meinem Lächeln einladen. Schau auf die Uhr, auf die Stunde der Gegenwart und spüre ihre Reife, ihren Reichtum und ihre Vergänglichkeit.

Der Engel lächelt – egal welcher Sturm und welche Nacht die Kathedrale umgibt. Jedem Menschen gilt dieses gelöste, entspannte und abgeklärte Gesicht, in dem Gottes Lächeln sichtbar wird. Über Jahrhunderte steht er da. Wie viele Menschen hat er gesehen, ihnen zugelächelt, sie an die sonnige Ewigkeit erinnert?

Die Zeit wird in seinen Händen vergoldet und reich. Eine Sonnenuhr im Herzen tragen, das wäre für heute gar nicht schlecht. In das Lächeln Gottes eintauchen und das Geschehene als Segen erkennen. Ich gehe hinein in das Gotteshaus und genieße nach einer langen Wanderung eine wunderbare Belohnung: die Zeit als Geschenk spüren.

Wie ein Kind die Zeit vergessen und auf ganz neue Weise fühlen, tasten, riechen, sehen und hören können, als wäre die Welt gerade erst geboren.

Erhaben über der Zeit stehen und dann einfach nur lächeln. Vielleicht ist Ihnen heute schon ein Lächeln über das Gesicht gehuscht? Um dieses Wunderwerk zu vollbringen, waren 80 Muskeln gleichzeitig im Einsatz! Körperhaltung und Bewegung sind physikalisch ein Zusammenspiel von Knochenbau, Gelenken, Muskulatur und Nerven. Wenn wir Menschen uns nicht bewegen, verkümmern unsere Gelenke, unsere Muskulatur, unsere Sinnesorgane. Alle Lebensvorgänge sind Bewegungen – ob Bewegung im Inneren des Organismus wie die Atmung, der Blutkreislauf und die Verdauung oder als äußerlich feststellbarer Ablauf. Wir sind stets in Bewegung. Dabei hängen innere Vorgänge mit äußeren untrennbar zusammen. Zu diesen inneren Bewegungen gehören ganz entscheidend unsere Sinne, die Gefühle, Vorstellungen und Gedanken auslösen. Bewegung ist ein antagonistischer Vorgang. Jede Bewegung löst eine Gegenbewegung aus, jede Kraft hat eine Gegenkraft, jeder Spieler einen Antagonisten.

Wir Menschen haben kein Sinnesorgan, um die Zeit zu spüren oder zu erfassen. In der Bewegung wird Zeit erfahrbar – wir können uns auf »vorher« und auf »nachher« beziehen. Deshalb empfinden wir die Zeit auch sehr subjektiv, je nachdem, ob wir uns gerade wohlfühlen oder nicht, wie bewegt wir sind oder auch nicht. Wir registrieren das Tempo und die Intensität unserer Bewegungen, können sie kontrollieren, anpassen, ändern oder auch beenden. Meistens jedoch geschieht Bewegung unbewusst, selbstverständlich und automatisch. Bei Bewegung denken wir in erster Linie an die Bewegung des Körpers, vor allem das Gehen. Gehen setzt die Bereitschaft voraus, den sicheren Stand aufzugeben und stets das Gleichgewicht neu auszuloten. Ohne loszulassen und sich fallen lassen können, ist kein (Fort-)Gang möglich. Das gilt nicht nur für Kleinkinder, sondern auch für uns Erwachsene. Dass das Gehen des Menschen nicht einfach ist, können wir bei Kleinkindern sehen. Kinder lernen über die »Hand«: Sie fallen, ziehen sich gegen die Schwerkraft mit den Händen hoch, gehen und fallen dann wieder.

Unser Bewegungsorganismus arbeitet rhythmisch, wie die Muskeln, das Herz und die Gefäße. Das Gesetz ihres Wirkens empfangen sie von innen. Kommen Anforderungen von außen, wird mehr Luft, mehr Blut gebraucht, so wird der Atem vertieft, die Blutströmung beschleunigt, ihr Rhythmus wird abgewandelt, aber nicht aufgegeben. Diese vielfältige rhythmische Bewegung ist individuell und stellt das Grundthema des Lebens dar: Wachen und Schlafen, Aktivität und Ruhe, Konzentration und Entspannung, Lernen und Vergessen. Damit wir im Rhythmus bleiben, brauchen wir schöpferische Pausen: sich Zeit nehmen, sich erholen, innehalten, nachdenken und einfach mal alles langsam tun. Die Verlangsamung von Prozessen ist eine notwendige Voraussetzung dafür, dass wir uns immer wieder neu orientieren und bewusste Entscheidungen treffen können.

Heraklit, ein griechischer Philosoph aus Ephesus (544–483 vor Chr.), lehrt, dass »alles fließt« und in Bewegung ist. Er sieht die Welt als Schauplatz eines ewigen Kampfes gegensätzlicher Prinzipien, die einander im Gleichgewicht halten. Aus dieser Spannung folge die Harmonie. Dabei ereignet sich ein ständiges Werden und Vergehen, Ordnungen lösen sich auf und entstehen neu.

Bewegung vollzieht sich im Rhythmus, im Fallen und Aufgefangen-Sein, im Loslassen und Festhalten, im Geben und Empfangen. Wie bei einer Pendelschwingung gibt es bei den Umkehrpunkten einen kleinen Zeitpunkt, an dem nichts geschieht. Jeder Atemzug ist eine solche Pendelschwingung. Nach dem Ausatmen verharrt unser Körper in einem Moment der Ruhe, um mit dem Einatmen wieder neu erfüllt zu werden. Auf einer Schaukel ist es spür- und sichtbar: Im Scheitelpunkt der Auslenkung verharrt sie für kurze Zeit, ehe sie wieder zurückpendelt.

Diese Grundbewegung des Lebens vollzieht sich nicht nur im eigenen Körper, sondern auch in menschlichen Gemeinschaften. Das Prinzip Geben und Empfangen gelingt nur, wenn wir uns aufeinander einspielen. Auf diese Weise macht Gemeinschaft Spaß. Einer lebt vom Krafteinsatz des andern, einer trägt die Last des andern.

Zu allen Zeiten haben Menschen körperliche, geistige und seelische Beweglichkeit zusammengeführt, beispielsweise in Schreittänzen, in Prozessionen, in Labyrinthen.

Im Labyrinth verbinden sich Kreuz und Kreis, eine Vereinigung der Gegensätze. Die ältesten Labyrinthe, von denen wir wissen, stammen aus ägyptischen Grabanlagen, etwa 4000 vor Christus. Der Weg im Labyrinth verläuft nicht als Irrweg, er hat keine Abzweigungen und führt immer auf Umwegen zur Mitte. Diese Umwege sind mühsam, so dass der Gehende ein großes Durchhaltevermögen beweisen muss. Darin wird das Labyrinth auch zum Zeichen für den Lebensweg, der voller Überraschungen ist. Das Ziel des Weges liegt im Innern. Es ist eine Lebensaufgabe, der eigenen Mitte auf die Spur zu kommen, das werdende ICH zu entdecken, die Wahrheit zu finden und auf ein Ziel zuzugehen.

Meditation zum Labyrinth des Lebens

Ich spüre die Sehnsucht im Leben und bringe sie auf den Weg.

Mein Leben ist Bewegung – mit den Beinen, die mir eine unschätzbare große Freiheit verleihen.

Mein Leben ist Bewegung – mit den rhythmischen Bewegung des Herzens und der Kraft der Liebe.

Mein Leben ist Bewegung – ist die Mitte, das Ende oder der Anfang das Ziel?

Ich betrachte ein Labyrinth und gehe den Weg mit den Augen nach: vom Eingang zur Mitte und wieder zurück.

Ich betrachte ein Labyrinth und fahre mit meinem Finger den Weg nach: vom Eingang zur Mitte und wieder zurück.

Im Labyrinth kann ich erfahren: Auch rückwärts kommt man vorwärts. Umwege sind mitunter die kürzesten Wege! In jeder Kurve, jeder (kurzen) Sichtweise, jeder Umkehr: Zweifel dürfen sein, ich darf die Mühe nicht scheuen und kann der Wegführung trauen. Der Weg ist klar strukturiert und begrenzt. Jeder Schritt ist einzigartig, kein Wegstück wiederholt sich.

Ich lasse die Frage nach Gott zu, der mich bewegt und selbst bewegt ist.

6
Über die Sinnes-Erfahrung zum Sinn

Über die Sinnes-Erfahrung zum Sinn

In einem Bilderbuch habe ich ein Foto entdeckt, dem ich sogleich innerlich zugestimmt habe: Ein Mädchen hält in der linken Hand eine geöffnete Margeritenblüte, ihre Rechte zupft andächtig und innig eines der kleinen weißen Blütenblätter aus. Hinein in dieses sprechende Bild höre ich die Worte sagen: »Er liebt mich, er liebt mich nicht …« Ich bin gewiss, dass sich die Frage nach der Liebe nie erschöpft, sie ist nicht nur ein Thema der Verliebten. Die Frage nach der Liebe ist austauschbar mit der Frage nach dem Sinn.

»Es hat Sinn, es hat keinen Sinn …«

Vieles, was sich tagtäglich ereignet, geschieht ganz nach eigenen Regeln: Essen, Schlafen, die Bewältigung des Alltags. Es wäre geradezu fatal, den Sinn tagtäglich anzufragen. Keine Frage nach der Sinn-Frage! Und trotzdem, irgendwann bricht die Frage auf: Hat das Sinn? Hat es keinen? Gebe ich Sinn? Gebe ich keinen?

Es liegt in meiner Hand, an das Glück der Liebe zu glauben und Sinn zu stiften. Ich kann es tun, indem ich spüre, dass ich für andere Menschen etwas sein kann. Dabei kommt es gar nicht auf die Zahl der Blütenblätter an, die ich für die Zukunft entblättere, sondern auf die Intensität und die Offenheit, die Zärtlichkeit und die Innigkeit. Wie im Bild der Blüte ist es immer ein erneutes Suchen nach Sinn. Ich habe ihn nicht wie eine Brille, die ich auf die Nase setze, um besser sehen zu können. In jeder Lebensphase, bei jeder Entscheidung ist meine Bereitschaft gefragt: Glaube ich, dass es sinnvoll ist, dass ich sinnvoll bin? Sinn stiftet sich vor allem vom Ziel her. Deswegen muss ich einen Sinn suchen, der im Alter nicht abnimmt, wenn die Leistung des Körpers und des Geistes abnehmen, sondern der im Zunehmen bleiben kann bis an sein Ende. Ein Sinn, der nicht von äußerer Leistung abhängig ist, sondern im inneren Reifen geschieht.

Der Reifungsprozess geschieht nicht automatisch. Nicht jeder Mensch ist im Alter gereift. Meine ersten Erfahrungen als junge Klosterfrau in einem Altenheim haben in mir die Frage nach Sinn ausgelöst und wachgehalten. Welcher Sinn liegt darin, schwach und leidend dem Tod entgegenzugehen? Abhängig von anderen zu sein, auf Selbstbestimmung zu verzichten und wieder wie ein Kind zu werden? Sinn ist leibhaftig erfahrbar oder anders gesagt, vom Sinnesorgan können wir auf den Sinn schließen. Leibhaftig und sinnvoll leben heißt für mich, sich dem ständigen Wandlungsprozess des Lebens hinzugeben. Werden und geworden sein, loslassen, ohne sich gehen zu lassen, und in Form sein. Die Sinne richtig zu lesen bedeutet, dem Sinn auf der Spur zu sein. Sinn – dieses Wort geht auf die althochdeutsche Wurzel »Weg« zurück. Sinn erschließt sich also im Gehen und im Weitergehen, auch wenn du nicht weißt, was dich auf deinem Weg erwartet. Es ist wichtig, dass du Überraschungen liebst und dich auf Neues freust, dass du Vertrauen in die Zukunft hast und ein Liebhaber des Lebens bist. Es ist wichtig, dass du deinen persönlichen Weg findest und gehst und dass du immer weißt, wo du hingehörst und zu Hause bist, dass du dich zurückziehen kannst, Geborgenheit findest, das Erlebte verarbeitest und deinen gewohnten Rhythmus findest. Und eines ist gewiss: Unterwegs scheint nicht nur die Sonne, ich muss bereit sein, auch in Wind und Regen aufzubrechen und Veränderungen standzuhalten. Das Glück braucht beides, die Parkbank in der Sonne und die Stürme des Lebens.

Richtung und Sinn gehören zusammen wie der »Uhrzeigersinn«. Gehen macht also Sinn, wenn ich um die Richtung weiß. Nicht nur wir Menschen sind unterwegs, auch die Schöpfung ist unterwegs, sie verwandelt sich ebenfalls in der Entfaltung ihres Sinns. Die Welt ist nicht etwas Fertiges, sondern sie ist eine Mit-Entstehende. Wir und die Welt sind also ein Team, wenn es um den Sinn des Lebens geht.

Wenn ich die Frage nach dem Sinn nicht stelle, entsteht Langeweile. Sie wächst dort, wo etwas fix und fertig ist, dort, wo kein Raum mehr zum Hinzutun, keine Fantasie und Eigentätigkeit gefragt ist. Von daher ist es kein Wunder, dass das Gefühl von Langeweile und Sinnlosigkeit mit der Erscheinung von Gewalt und Zerstörung einhergeht. Sinn dagegen hat Gestalt, ist also Kunst, etwas Kreatives, ein Weg. Sinn geschieht durch die Rückbindung an die Leiblichkeit des Menschen. Gleichzeitig verweist der Sinn auf geistige und seelische Werte, die wir in der eigenen Mitte finden. Dort ist alles, was wir zum Leben brauchen: Licht, Klang, Begegnung, Bewegung, Atem. Alles hat seine Zeit – alles hat seinen Sinn für den, der glaubt.

Für den Benediktinermönch und Zen-Meister *Willigis Jäger* liegt der Sinn des Lebens darin, ganz Mensch zu sein, »weil es der ersten Wirklichkeit, die wir Gott nennen, um nichts anderes gehe, als sich in einer individuellen Gestalt zu offenbaren. Ein Leben aus dem Bewusstsein seiner göttlichen Herkunft aber ist Religion. Religion ist das Leben und das (mehr oder weniger gelingende) Leben ist Religion.« Es klingt ganz einfach: Mensch sein! Nicht mehr, aber auch nicht weniger.

Staunend schaue ich auf Menschen, deren Leben gelungen scheint und die auch im Alter zufrieden, versöhnt und erfüllt sind. Das Rezept dazu ist ein Geheimnis. Ein

Leben im Einklang mit der Natur kann uns da schon viel helfen. Wer sich die Natur zum Vorbild nimmt, kann von ihr hören: »Schau! Horch! Merk auf!« Die Natur greift nicht ein oder erzieht, sondern lädt ein. In ihrer Schönheit und Mächtigkeit, Majestät und Liebe zum Detail, in ihrer Vielgestaltigkeit und unendlichen Verwandlungskraft spiegelt sie eine Herrlichkeit, die auf eine größere Dimension hinweist. Natürlich kann man mit der Schöpfung Gott nicht beweisen, doch begegnet man keinem Menschen, der an Gott glaubt und dennoch sein Schöpfertum verneint.

Was für die Schöpfung gilt, gilt auch für den Menschen. Was im Großen gilt, gilt auch im Kleinen. Alles spiegelt sich im kleinsten Lebensvollzug wider. Der heilige Franziskus nennt seinen Leib liebevoll »Bruder Esel«. Der Esel ist ein nützliches, kräftiges, faules, widerspenstiges, geduldiges, liebenswertes Vieh. Am Ende seines Lebens entschuldigt er sich bei ihm, weil er wohl zu hart mit ihm umgegangen sei. Für ihn war klar: Ein gelingendes Leben vollzieht sich leibhaftig und sinnlich.

Die Sinnesorgane sind keine Werkzeuge, die etwas machen können. Sinnesorgane sind Empfangsorgane. Von ihnen kann ich lernen, Empfangende zu sein, nicht Macher! Der Sinn des Lebens erschließt sich im Empfangen und in der Antwort auf das, was wir empfangen. Deshalb ist es eine sinnvolle Einladung, leibhaftig nach dem Sinn zu fragen und damit der Wahrheit näher zu kommen.

Dass Sinn und Wahrheit nicht immer eindeutig zu erkennen sind, erfahren wir täglich. In jeder sinnlichen Wahrnehmung offenbart sich Wahrheit, ohne Anspruch, die *ganze* Wahrheit zu sein, denn Wahrnehmungen können sich ändern wie das Wetter. Sie sind von unseren Erfahrungen, von Gelerntem, von unserer inneren Verfasstheit und inneren Bildern abhängig. Deswegen sind Wahrnehmungen subjektiv und ständig auch der Täuschung unterworfen. Zum Beispiel erkennen wir im Wechsel von Tag und Nacht, dass die Sonne ihre »Bahn läuft«. Diese Wahrheit kann unser Auge erkennen. Gleichzeitig wissen wir aber auch, dass nicht die Sonne, sondern die Erde sich dreht, und deswegen ist die Aussage, dass die Sonne *nicht* wandert, auch als wahr zu bezeichnen.

Immer wieder neu müssen wir die Frage nach dem Sinn unseres Lebens und unserer Erfahrung stellen. Wir sind damit nie fertig! Das ist Arbeit, und allzu gerne verdrängen wir diese Frage. Wir sind vorsichtig geworden: Lieber nicht so viel Berührung, nicht so viel Offenheit, nicht so viel Sensibilität, nicht so viel Hören und Fühlen …

Unser gesellschaftliches Motto lautet: Wer auf Empfang schaltet, der riskiert Verwundung, Täuschung, Enttäuschung. Gehe also kein Risiko ein, du könntest dich verlieren! Wenn du also ganz sicher sein und unverletzt durchs Leben kommen willst, immer auf der Gewinner-Seite und niemals ausgenützt, wenn du nicht willst, dass deinem Herzen etwas zustößt, dann darfst du es nicht verschenken. Verschließe es im Sarg deiner Selbstsucht mit dem Risiko, unzerbrechlich und hart zu werden.

Empfangende dagegen sind Menschen, die offene Hände haben, ihre Bedürftigkeit annehmen und nicht jeden Mangel gleich als Verlust empfinden. Sie überlassen sich dem Lebensrhythmus, dem Geben und Nehmen, der Liebe und dem Leiden, der Verletzbarkeit des Herzens, aber auch der Kraft der Hoffnung und des Neuanfangs.

Ein Blick nochmals in die Natur: Einen Baum pflanzen, ihn pflegen, ihn betrachten durch die Jahreszeiten hindurch heißt Hoffnung leben. Hoffnung leben braucht Zeit und geschieht nicht von heute auf morgen. Hoffnung darf wachsen und gedeihen, wie der Baum langsam aber stetig wächst.

Ich stifte Sinn, wenn ich teilnehme an dem, was Zeit braucht! Zeit in eine gute Sache investieren bedeutet Zeit gewinnen und Sinn stiften. *Maria Montessori* spricht von der Entwicklung eines Menschen als der Offenbarung seines Wesens. Ich gehe am eigenen Lebenssinn vorüber und verliere Sinn, wenn ich nicht teilnehme an dem, was Zeit braucht. Indem ich vertrauend und mit Weitblick Anteil habe am »Werden«, indem ich mich dem Wachstum zuwende, dem Fallen und dem Schwachen, stifte ich Sinn. Dann bin ich mitten im Leben, habe teil an dem, was schon immer auf unserer Erde geschieht.

Wie ich mich zu den Lebensgesetzen verhalte, verhält sich das Leben zu mir. Wie sich das kleine Senfkorn zum großen Baum verhält, so verhält sich auch der Baum zum Senfkorn. Glaube ich an die Möglichkeit, dass mein Leben gelingen kann, dann ist kein Schmerz und keine unbeantwortete Frage umsonst. Unvollkommen darf ich sein, denn nicht ich muss mir meine Unvollkommenheit leisten können, nein, Gott kann es sich leisten! Gerade in meine Grenzerfahrungen legt er seine heilende Gegenwart hinein. Letztlich ist es seine Verantwortung, wie es mit der Erde und mit mir weitergeht. Ich stelle mich mitten in diese Verantwortung hinein, ohne dagegen zu sein!

Das ist gar nicht so einfach, aber durchaus attraktiv. Es macht gelassen und frei. Probieren Sie es aus: Nichts geschieht, ohne zu wirken. Selbst dann hat mein Leben Sinn, wenn ich es mir nicht mehr vorstellen kann und alles anders läuft, als ich es gerne hätte, denn es gibt da eine unendlich kreative Kraft in meinem Leben, die immer noch eine Möglichkeit sieht und zusammenfügen kann, was ich nicht vermag.

Über 25 000 Mal atme ich täglich ein und aus. Mit jedem Atemzug sage ich Ja zu meiner Geschöpflichkeit.

Ich weiß, einmal wird es mein letzter Atemzug sein. Solange ich atme, habe ich teil am Prozess des Lebens, der vom Atem Gottes gehalten und getragen wird. Dieser Schöpfungsatem durchzieht die Grundelemente Wasser, Luft, Erde, Feuer, aber auch unseren Kosmos und unser Menschsein mit Tod und Vollendung, Schuld, Vergebung und Frieden.

In der Winzigkeit des Menschen liegt das Samenkorn für eine neue Schöpfung bereit.

Ich fange neu an (Geburtstagsmeditation)

An meinem Geburtstag möchte ich ganz bewusst neu anfangen.

Um null Uhr ist die Grenze zwischen dem alten und dem neuen Lebensjahr, zwischen gestern und morgen. Aber so einfach ist das nicht. Ob ein Lebensjahr neu wird, liegt nicht am Kalender, nicht an der Uhr, sondern an dem, wie wir Menschen neu anfangen. Das Alte hinter mir zu lassen und mit viel Mut und Gelassenheit neu sehen zu lernen, das ist eine Herausforderung! Den Mann oder die Frau neu sehen, den anderen Menschen neu hören, ohne vorab fixierte Festlegungen denken, hören, fühlen.

Ich will der Zeit, in der ich lebe, ohne Vorurteile begegnen und in jedem Augenblick das Einzigartige entdecken. Ein Augenblick ist's, der mein Herz treffen kann. Ein Augenblick ist's, der die Seele eines Menschen offenbart. In der Bibel wird schon am Anfang in der Schöpfungsgeschichte erzählt, dass Gott sich Zeit lässt: »Es werde …« ist sein Motto.

»Es werde …« das möchte ich auch über mein Leben schreiben. Im Bewusstsein, dass alles seine Zeit hat und seine Zeit braucht, möchte ich Geduld haben an jedem

Tag. Ich möchte aber auch gleichzeitig den Spuren Gottes in der Welt folgen, wenn es darum geht, nicht nur auf das Paradies zu warten, das »im Werden« ist …

Es klingt wie ein Paradox: In einem einzigen Augenblick der Begegnung kann sich mir die Ewigkeit zeigen, sich mir das Paradies offenbaren, sich das Glück mitteilen. Der Augenblick ist die wichtigste Erfahrung meines Lebens.

Wann habe ich zum letzten Mal einem Menschen liebevoll in die Augen geschaut? Habe ich mir heute schon selbst in die Augen geschaut? Mir einen liebevollen Augenblick zu schenken braucht (fast) keine Zeit! Aus den Augen lacht die Seele heraus!

Wenn ein Baby aus dem Kinderwagen die Erwachsenen anlächelt, verzaubert ein solcher Augenblick. Die Begegnung mit den Augen hat tatsächlich Zauberkraft. Diese Kraft der Hoffnung will ich nicht verlieren. In der Bibel gibt es kein Ende, sondern immer wieder Neuanfang. »Es werde« – das ist wie ein Zauberwort für jeden neuen Tag, ein Zauberwort, das jedem Augenblick Sinn verleihen kann.

10 Klang-Meditationen

Klang-Meditationen

Ich gönne mir eine entspannte Stunde und nehme mir Zeit, meinen eigenen Klang zu hören, meine Stimme neu zu entdecken und den Einklang mit mir zu genießen.

Auf einer Yogadecke mache ich es mir bequem, lege mich auf den Rücken und unterstütze meine Kniekehlen mit einer Decke, damit meine Wirbelsäule guten Kontakt zum Boden hat. Vielleicht habe ich auch noch ein Räucherstäbchen, eine Duftkerze oder ein Duftöl, das mir hilft, in eine gute körperliche Entspannung zu kommen.

Damit ich mich ungestört öffnen kann, stelle ich alle Geräusche ab und bin jetzt für mich alleine.

Ankommen, so heißt mein erstes Thema: Ich atme bewusst, beobachte meinen Atemfluss und gehe auf meinen Atemrhythmus ein. Ich denke an nichts anderes mehr als an den Wechsel von Ausatmen, Einatmen, Atempause. Dieser Dreierrhythmus ist mein persönliches Metrum.

In meiner Vorstellungskraft suche ich meine Innenräume auf, die auch gleichzeitig Resonanzräume sind: Im Kopf haben wir besonders viele: die Stirn-, Kiefer-, Nebenhöhlen, den Rachenraum, die Stimmbänder.

Wenn ich mit meiner Vorstellungskraft tiefer in mich gehe, wandern meine Gedanken in den Brust- und Bauchraum. Auch dort bin ich ein »Hohlkörper«, also ein Klangkörper, der nicht nur Organe zur Aufnahme und Verwertung von Nahrung besitzt, sondern mit dem Verdauungstrakt ein langes Röhrensystem darstellt. Diese Leerräume sind lebensnotwendig.

Ich möchte sie in den nächsten Minuten mit Klängen erfüllen, denn bekanntlich lebt der Mensch »nicht nur vom Brot allein«, sondern von jedem Wort, »das aus Gottes Munde kommt«.

Vielleicht habe ich eine Klangschale zu Hause, ich lege sie mir auf den Bauch und bringe sie in Schwingung. Die wunderbaren Klänge scheinen Unendlichkeit zu atmen. Der Anfang des Tons ist eindeutig, ein schöpferischer Akt, das Ende kann ich mit meinen Ohren nur ahnen. Vor allem die hohen Frequenzen fliegen nur so dahin, ohne Adresse, ohne Ziel, ohne ein Ende.

Die Schwingungen erreichen nicht nur mein Ohr, sondern wandern zart, aber kraftvoll unter die Haut und bringen alle meine Körperzellen zum Schwingen. Eine massierende, wohltuende und entspannende Erfahrung. Bei einem Wasseranteil von nahezu 80 Prozent unseres Körpergewichtes ist es nicht verwunderlich, dass wir ein idealer Klangträger sind.

Ich wiederhole diese Klangerfahrung, bis ich »satt« geworden bin. Eine anschließende Zeit der Stille tut mir gut, um die Wirkung der Klänge nachzuspüren und zu genießen.

In mir selbst sind Klänge lebendig. Ich horche in mich hinein und nehme meine Stimmung wahr: Fühle ich mich im Einklang mit mir selbst? Was ist, wenn ich mir vorstelle, diese Frage guten Freunden, meinem Lebenspartner oder meinen Kindern zu stellen, welche ehrliche Antwort habe ich zu erwarten?

Im biblischen Schöpfungsbericht erzählt der Schreiber, dass sich das Wort Gottes in der Schöpfung und in meinem ganz persönlichen Leben manifestiert. Ich summe in mich hinein, vor allem tiefe Töne, und mache das bestmöglich mit lockeren Lippen und offenen Rachenraum.

Ich lasse diese Töne in meinen Bauchraum wandern und gebe ihnen ein Zuhause. Vielleicht habe ich den Mut, in die Schwingung hinein ein kraftvolles Wort zu denken, zum Beispiel an den biblischen Ruf »Effata«, das heißt: Öffne dich – »Amen«, das ist die Übereinstimmung mit dem, was gerade ist – oder »Halleluja«, ein freudiger Jubelruf und ein Lob für unseren Schöpfer, der mich gemacht hat.

Wenn ich mich öffne und zu reden beginne,
dann ahne ich, dass ich ein Fremdling bin
in einer Welt, die nicht ICH ist.
Bin ich im Wort gegenwärtig?
Schüchtern wirken sie auf einmal – meine Worte!
Ich spüre die Sehnsucht nach Vertrauen,
nach Verständnis und Ehrlichkeit.
Wenn du wüsstest, was ich wirklich denke –
die Angst ist groß, aneinander vorbeizureden,
verletzt zu werden, Tränen zu weinen.
Ich schweige, und mit dem Verstummen tauche ich ein
in die Einsamkeit, ein Leiden, solange ich bin.
Meine Kindheit weht zu mir herüber.
In meinem Herzen ist sie lebendig.
Meine ersten Worte, die ich in die Welt gesprochen
oder gesungen habe: Ich will sie zum Leben erwecken!
Ein ehrliches Lied auf den Lippen, das ich wie ein Vogel
in den Himmel der Freiheit und Liebe singe.
So kann das Wort neu geboren werden,
ich fühle es als Leben in mir.

11 Licht-Meditationen

Licht-
Meditationen

In früheren Zeiten huben die Menschen in der Mitte ihrer Städte eine runde Grube aus und füllten sie mit Erntegaben. Dann brachte jeder eine Handvoll Erde aus dem Lande, aus dem er gekommen war. Diese Grube hatte denselben Namen wie das Weltall: *mundus*.

Schon immer war es für Menschen wichtig, in der Mitte zu sein. Sie errichteten ihre Heiligtümer am »Nabel der Erde«. Der große Steinring von Stonehenge in England ist ein solches Heiligtum. Es umschreibt den Erdkreis und ist gleichzeitig eine große Uhr, die schon vor 4000 Jahren die Sonnenwenden anzeigte. In unserem Sonnensystem ist es die Sonne, die eine Mitte bildet, darauf ausgerichtet die Umlaufbahnen der Planeten.

Die Sonne als Lichtbringerin wurde früher als Gottheit verehrt, die zwar am Abend sterbend untergeht, am Morgen aber wieder siegreich aufersteht.

König David dichtet auf die Sonne:

Die Himmel rühmen die Herrlichkeit Gottes, die Himmelsfeste verkündet das Werk seiner Hände.
Der Tag gibt weiter das Wort an den Tag, die Nacht vermeldet der Nacht ihre Kunde.
Da ist keine Sprache, kein Wort, nicht hörst du den Laut ihrer Stimme.
Und doch, in alle Welt ertönt ihr Ruf, ihre Botschaft bis an die Enden der Erde. Dort hat er ein Zelt geschaffen der Sonne;
wie der Bräutigam aus dem Gemache geht sie hervor, froh wie der Held, der durchläuft seine Bahn:
Sie geht hervor am Rande des Himmels, und wieder zum Rande des Himmels eilt sie dahin; nichts kann sich vor ihren Gluten verbergen.

Psalm 19,2–7

Viele Jahrhundert später (1226) hat der heilige *Franz von Assisi* ein Liebeslied auf die Schöpfung und auf den Schöpfer gedichtet, den Sonnengesang:

Gelobt seist du, mein Herr,
mit allen deinen Geschöpfen,
zumal dem Herrn Bruder Sonne;
er ist der Tag, und du spendest uns das Licht durch ihn.
Und schön ist er und strahlend in großem Glanz,
dein Sinnbild, o Höchster.
Gelobt seist du, mein Herr,
durch Schwester Mond und die Sterne;
am Himmel hast du sie gebildet,
hell leuchtend und kostbar und schön.

Franz von Assisi

Ich genieße heute die Sonne!

Ich setze mich in die Sonne.

Ich setze mich dem Licht aus, lasse mich berühren, spüre Wärme.

Ich lasse das Leben geschehen, atme Ewigkeit, ahne die Mitte des Weltalls und suche die eigene Mitte.

Ich atme ruhig und tief und konzentriere mich einige Zeit auf mein inneres Kraftzentrum, meine Körpermitte, dicht beim Bauchnabel.

Bei jedem neuen Atemzug atme ich Licht ein. Ich lasse es in meine Mitte strömen, hinein in mein Kraftzentrum. Mein Kraftzentrum ist ein »Sonnengeflecht«.

Wunderbar ist die Idee, dass ich ein »Sonnenkind« bin, auf der Sonnenseite des Lebens stehe und lichtdurchflutet bin!

Diese Lichtdurchlässigkeit will ich genießen und darauf achtgeben, dass ich es bleibe.

Ich spüre die Farben

Ich stelle mich auf beide Beine und strecke mich zum Himmel aus wie ein Baum, der geerdet und gehimmelt ist.

Ich spüre die Fließbewegung des Atems in mir und atme nicht nur Luft, sondern auch Licht ein.

Dann schließe ich die Augen und sehe innerlich die vielen Farben des Lichts. Ich atme Farben ein, lasse das Gelb einströmen, seine Wärme, seine Freude.

Ich lege die Farbe Rot auf meinen Atemfluss und spüre mit ihr Energie. Die Glut des Feuers brennt in meinem Herzen!

In Gedanken stelle ich mir eine grüne Wiese vor und atme ihre Farbe und ihren Duft ein. Mit ihr strömt Weite, Ruhe, Gelassenheit in mich ein und verdrängt Resignation und Mutlosigkeit.

Dann atme ich das Blau des Himmels ein – die Farbe der Treue – hinein in meine Wankelmütigkeit. Blau, das sich in sehr viel verschiedenen Nuancen zeigt.

Für meine Erdverbundenheit, die Halt und Mütterlichkeit gibt, atme ich Braun.

Vielleicht bin ich aber auch gerade hin und her gerissen, meiner Sache und meiner Selbst nicht so sicher, und in diese Verworrenheit lasse ich Lila einströmen.

Welche Farbe hat meine heutige Stimmung, mein heutiger Tag, welche Farbe liegt ganz obenauf und zeigt sich in mir mächtig?

Ich bete: Gott, in der Vielfalt der Farben, der Gefühle und Empfindungen und der Vielgestaltigkeit des Lebens kann ich den Regenbogen sehen, der als Zeichen deiner Liebe über meinem Leben ausgespannt ist. Lass mich erkennen, dass aus Dunkelheiten Leben wachsen kann und jede Krise eine Chance des Neuanfangs in sich birgt.

Die Botschaft des Lichtes

Ich lasse das Licht zu mir sprechen:

Ich weiß, dass ich in der reinsten, intensivsten Form menschlichen Augen nicht zumutbar bin. Ich komme immer mit meinem Bruder, dem Schatten. Wir sind aufeinander eingespielt, seitdem die Welt steht. Wir malen das Hell-Dunkel über Länder und Meere, in jeden Straßenzug, jede Waldlichtung, jedes Wohnzimmer, jede Nachttischlampe und rund um jede kleine Kerze. Ich will nicht blenden. Ich will alles rund um dich erhellen, manchmal strahlend, manchmal nur mit einem schwachen Schimmer.

Ich bin keine alltägliche Selbstverständlichkeit. Das wissen vor allem blinde Menschen zu erzählen. Ich habe sie nicht ganz verlassen, denn sie können von inneren Bildern berichten. Sie sind überzeugt, dass ich ein Geschenk für die Welt bin.

Die größten Künstler der Welt waren bestrebt, meinen Zauber einzufangen: *Rembrandt,* der mich über Gesichter tasten lässt und jede biblische Szene lebendig macht, und *van Gogh,* der Weizenfelder in der Glut der Provence in Flammen verwandelt. Ich habe viele Bewunderer, die meine Botschaft auf die Leinwand gebannt haben.

Ich bin nicht nur eine ästhetische Macht. Ich bin nicht nur eine unverzichtbare Größe für Architekten, Maler, Fotokünstler, ich bin auch nicht nur ein naturwissenschaftliches Problem.

Ich bin mehr als Wellenlänge mit bestimmter Frequenz, schnellster Raser im Universum, Längenmaß für Milchstraßen und Sternenwirbel, komplizierter Vorgang auf der Netzhaut, in Nervenbahnen und Gehirnzentren.

Für Menschen, die sich hinter den Augen auch Geist bewahrt haben, bin ich immer eine Botschaft, die über die Welt wandert. Hast du nicht bemerkt, dass Kinder mich immer als strahlende Sonne in ihre Bilder hineinmalen? Das Schönste, was ich in die Atmosphäre zaubern kann, ist der Regenbogen. Ich male ihn als fröhliches Finale in dunkle Gewitterwolken. Und im Buch Genesis hat Gott dieses Farbenspiel zu seinem Bundeszeichen gewählt. Es heißt dort: »Wenn ich meinen Bogen ins Gewölk setze, dann will ich meines Bundes zwischen mir und euch und allen lebenden Wesen gedenken« (Genesis 9,13).

Spätestens seit damals weiß ich, dass ich, das Licht, mehr bin als irgendeine Naturerscheinung. Ich bin eine Art tröstliche Botschaft, ein Symbol für das Unendliche, für den Schöpfer selbst. Ich glaube, dass Gott mir diese Rolle zuweist.

Ich bin in dieser Welt eine Botschaft Gottes und immer mit meinem Bruder, dem Schatten, konfrontiert. Aber er weiß genau, dass ich Siegerin bleiben werde. Ich löse die Gegensätze nicht auf, aber ich habe das letzte Wort. Ich muss gestehen, dass manche Menschen das nicht so sehen. Was ist mit dem Menschen, der eben erfahren hat, dass er den Kampf mit dem Tumor nicht gewinnen wird? Und mit dem, der sich neulich vor den Zug geworfen hat? Ich bin nicht immer ein positives, verheißungsvolles Symbol. Als Teil der Schöpfung bin ich ja nur ein Abbild des Größeren. Es gibt dunkle Rätsel – so wie die schwarzen Löcher im Universum, die mich mit ihrer Schwerkraft verschlucken.

Aber es gibt einen, der aus der Unendlichkeit gekommen ist und gesagt hat: »Ich bin das Licht der Welt …«

Nach einer Idee von Altbischof Reinhold Stecher, Österreich

12 Meditation zur Einübung der Gelassenheit

Meditation zur Einübung der Gelassenheit

Ich lege mich mit dem Rücken bequem auf eine Decke und schließe die Augen. Ich fühle in mich hinein: Sind meine Glieder entspannt, schmerzfrei? Auch wenn meine Augen geschlossen sind, kann ich durch die Augenlider hindurch das Licht im Raum wahrnehmen.

Ich achte auf die Geräusche um mich herum – vielleicht kann ich Stille wahrnehmen? Mit meiner Fantasie stelle ich mir vor, mein Körper läge auf weichem und warmem Meeresstrand. Mit meinem Gewicht drücke ich ein einmaliges Körperbild in den Sand hinein. Vor allem an den Fersen und dem Hinterkopf, meinem Gesäß und meiner Wirbelsäule zeichnen sich Sandkuhlen ab.

In Gedanken öffnet sich mein größtes Organ, die Haut, und ich spüre, wie ich mit der Erde verbunden bin. Sie trägt und hält mich. Ich kann es in diesem Moment genießen. Mein Platz ist einmalig, ich muss nicht um meinen Platz bangen.

Ich lasse den Atem in meiner Vorstellung durch meine Fersen einströmen, ganz ohne eigene Leistung – als würde die Erde atmen und durch mich durchatmen. Den Atemfluss stelle ich mir als lebendige, frische Bergquelle vor, die durch meinen Leib strömt: kein abgestandenes Wasser, nein: klares, reines Quellwasser. Der Atem verbindet mich mit der Erde, dem Urgrund meines Seins. Generationen vor mir haben am »Schöpfungsatem« teilgenommen, und Generationen nach mir werden teilnehmen, atmend bin ich mit der Schöpfung verbunden.

Vielleicht will ich diesem universalen Gedanken in mir Raum geben? Der Atem, ein Geheimnis, das mich lebendig hält, das mich mit dem Urgrund allen Seins verbindet und über meine geschichtliche Existenz hinausweist. Der Geist Gottes ist Atem, so erzählt es die Bibel. Ich fühle in mich hinein, was dieses Wort auslöst: Gottes Atem belebt mich …

Den Atem lasse ich in meiner Leibesmitte ankommen: Etwa zwei Zentimeter unter dem Bauchnabel ist meine anatomische Mitte. Meine Hände lege ich auf meinen Bauch und spüre die rhythmische Bewegung des Atems. Leben ist Bewegung – Bewegung ist Leben. Beobachtend überlasse ich mich diesem Wechsel des Aus- und Einatmens und genieße mit jedem Atemzug die Ruhe, den Frieden, die Stille, die in mich einströmen. Zulassen – einlassen – sich überlassen – gelassen werden. Ich verweile in diesem Rhythmus, bis ich mich von der Ruhe getragen fühle.

In Gedanken lasse ich meinen Atem weiterströmen, von meiner Leibesmitte hinaus, in den Bauch-Brustraum, den Schulter- und Halsbereich, den Kopf. Dort denke ich mir meinen Scheitelpunkt, die höchste Stelle meines Körpers, und öffne in Gedanken meine körperliche Grenze.

Meinen Atem lasse ich dort ausströmen, hinein in den Himmel, der sich über mir erhebt. Die Haut ist nur eine relative Grenze meines Körpers. Auch als Erwachsener bin ich nicht ausgewachsen, mein Leben ist nicht fertig, immer wieder neu – mit jedem Atemzug – kann ich über mich selbst hinauswachsen.

Spüre ich in mir die Sehnsucht nach dieser Dimension, die Zukunft heißt? Sehnsucht, die über mich selbst hinausweist?

Zum guten Schluss:
Segensmeditation

In Gedanken bin ich zu Fuß unterwegs, einen Weg, den ich kenne. Ich gehe schon eine ganze Zeit und spüre, dass die Füße müde werden, die Kraft nachlässt, die Einsamkeit erschöpft. Es fängt an zu dämmern, und ich beschließe, eine Rast einzulegen und mich auszuruhen. In diesem Moment stolpere ich über einen großen Stein, der mir im Wege liegt.

Ich lege mich auf die Erde, den Stein unter meinem Kopf und träume vor mich hin.

Ich komme zur Ruhe, der Atem geht langsam und regelmäßig, die Arme und Beine werden schwer und auch mein Gesicht entspannt sich.

Den Kontakt zur Erde spürend, kann ich meine Wirbelsäule wahrnehmen. Sie ist wie eine Leiter, die Himmel und Erde verbindet, mich aufrichtet und ausrichtet.

Mir fällt ein, dass auch Jakob geträumt hat, auf der Erde, auf einem Stein, von einer Treppe, die Himmel und Erde verbindet.

Ich höre die Worte: »Ich bin bei dir!« »Ich werde dich segnen und behüten, überall, wohin du gehst!«

Ich denke darüber nach, was mir dieses Wort bedeutet. Bewusst erhebe ich mich von der Erde, stelle mich auf meine Beine und danke meiner Wirbelsäule, dass sie mir dieses Wort lebendig hält.

Ich falle nicht aus dem Segen Gottes heraus, egal ob ich stehe, sitze, liege, gehe, träume, an Gott denke oder nicht.

Ich höre meinen Leib sprechen, indem ich im Stehen in Aufrichtigkeit zu mir selbst stehe, indem ich im Gehen meinen Standpunkt ändere und Vergangenheit und Zukunft erkenne und voll Mut annehme, indem ich im Innehalten, im Traum und im Wachsein mich selbst erkenne und die Fähigkeit zu Vertrauen.

Was treibt mich an? Die Sehnsucht!

Wie lasse ich gelassen die Vergangenheit?

»Ich bin bei dir!«

Textquellen

Joachim E. Berendt, Nada Brahma – Die Welt ist Klang, Neuausgabe 2010 Neuauflage: Suhrkamp Verlag

Schwester Gisela Ibele, Sinn-Welt-Buch, 2011

Willigis Jäger, Das Leben ist Religion. Stationen eines spirituellen Weges, München 2005: Kösel-Verlag

Hugo Kükelhaus, Mit den Sinnen leben, Erfahrungsfeld zur Entfaltung der Sinne, Essen 2001, Eigenverlag

Hugo Kükelhaus, Das Wort des Johannes, Nachdruck der Originalausgabe von 1953 im Alfred Metzner Verlag, Frankfurt am Main, 2009

Alfons Rosenberg, Ursymbole und ihre Wandlung, Freiburg im Breisgau 1992: Verlag Herder

Ulrich Schaffer, In der Dichte des Lebens. Ein tägliches Nachdenkbuch, Stuttgart 1995: Kreuz Verlag

Otto Schärli, Werkstatt des Lebens, 1991 AT Verlag, Aarau

Bildquellen

Foto Seite 96/97: © Schwester Armgard, Franziskanerinnenkloster Reute

Alle anderen: © Stefan Weigand

www.herder.de

Umschlagmotiv:
© Stefan Weigand

Umschlaggestaltung:
Verlag Herder GmbH, Freiburg im Breisgau

Innengestaltung:
post scriptum, Emmendingen / Hinterzarten

Herstellung:
fgb · freiburger graphische betriebe
www.fgb.de

Gedruckt auf umweltfreundlichem,
chlorfrei gebleichtem Papier
Printed in Germany

ISBN 978-3-451-32471-0